Johannes M. Jäger

Innozenz IV. – Juristenpapst, Machtpolitiker und Vordenker der völkerrechtlichen Souveränitätslehre

Aus Religion und Recht, Band 23

Johannes M. Jäger

Innozenz IV. – Juristenpapst, Machtpolitiker und Vordenker der völkerrechtlichen Souveränitätslehre

Umschlagabbildung: Pope Innocent IV, Sinibaldo Fieschi, 1195 to 1254, after a fresco painting in the Basilica of St Paul, Rome/Italy. From: Science and Literature in The Middle Ages by Paul Lacroix, published in London 1878 / Alamy Stock Photo

ISBN 978-3-7329-0774-8
ISBN E-Book 978-3-7329-9192-1
ISSN 1860-8388

Herstellung durch Frank & Timme GmbH,
Wittelsbacherstraße 27a, 10707 Berlin.
Printed in Germany.
Gedruckt auf säurefreiem, alterungsbeständigem Papier.

www.frank-timme.de

Für C. N.

Vorwort

Die vorliegende Arbeit wurde im Wintersemester 2020/2021 von der Juristischen Fakultät der Julius-Maximilians-Universität Würzburg als kirchenrechtsgeschichtliche Quellenexegese zur Erlangung des Doktorgrades beider Rechte angenommen.

Ich bedanke mich herzlich bei meinem Erstgutachter, Herrn Professor Dr. Steffen Schlinker, der mich bei der Publikation dieses Werks unterstützte und mir geschätzte fachliche Hinweise und Hilfestellungen im kirchenrechtlichen Teil meines Promotionsverfahrens gab. Ebenso dankbar bin ich für die mir von Herrn Professor Dr. David von Mayenburg an seinem Lehrstuhl in Frankfurt zugänglich gemachten Quellen. Frau Professorin Dr. Anja Amend-Traut sei für die rasche Erstellung des Zweitgutachtens gedankt.

Wertvolle Unterstützung bei der Fertigstellung des Manuskripts leisteten mein Würzburger Kommilitone und Freund Luke E. K. Sheppard sowie meine Mutter, Klaudia Jäger.

Herrn Professor Dr. Dr. Elmar Güthoff und Herrn Rabbiner Professor Dr. Dr. Walter Homolka gebührt mein Dank für die Aufnahme in ihre Schriftenreihe.

Ohne den Rückhalt meiner lieben Ehefrau, Christiane von Nesselrode, wäre dieses Werk nie entstanden. Ihr widme ich daher diese Arbeit.

Frankfurt am Main im Juli 2021 — Johannes M. Jäger

Inhaltsverzeichnis

Abkürzungsverzeichnis

a.A.	andere Ansicht
a.a.O.	am angegebenen Orte
AHP	Archivum Historiae Pontificiae
Anm. d. Verf.	Anmerkung des Verfassers
BCLR	Boston College Law Review
Bd.	Band
bspw.	beispielsweise
bzw.	beziehungsweise
c.	capitulum
ca.	circa
CICan	Corpus Iuris Canonici
CICiv	Corpus Iuris Civilis
D.	Digesta Iustiniani
d.h.	das heißt
ders.	Derselbe
Dist.	Distinctio
DS	Der Staat
dt.	deutsch
etc.	et cetera
f.	folgende
ff.	fortfolgende
Fn.	Fußnote
fol.	folio, folia
gen.	genannt
Gen.	Genesis
ggf.	gegebenenfalls
h.M.	herrschende Meinung

Herv. d. Verf.	Hervorhebung(en) des Verfassers
Herv. i. O.	Hervorhebung(en) im Original
HRG	Handwörterbuch zur deutschen Rechtsgeschichte
Hrsg.	Herausgeber
i.d.R.	in der Regel
i.e.	id est
i.S.d.	im Sinne des/r
i.S.v.	im Sinne von
ital.	italienisch
JHIL	Journal of the History of International Law
JWH	Journal of World History
Lk	Lukasevangelium
m.w.N.	mit weiteren/m Nachweis/en
ME	Medieval Encounters
MGH	Monumenta Germaniae Historica
MS	Medieval Studies
Nr.	Nummer
Nrn.	Nummern
o.g.	oben genannt/e/r/s
pl.	Plural
Ps	Psalm
r	recto
Rn.	Randnummer(n)
s.u.	siehe unten
SdZ	Stimmen der Zeit
SG	Studia Gratiana
sog.	so genannte/r/s
Sp.	Spalte
span.	spanisch
TA	The Americas
Tim	1. Brief des Paulus an Timotheus

TJ	The Jurist
u.a.	und andere
v	verso
v.	von/m
Vgl.	Vergleiche
VI	Liber Sextus
X	Liber Extra
z.B.	zum Beispiel
ZaöRV	Zeitschrift für ausländisches öffentliches Recht und Völkerrecht
ZRG KA	Zeitschrift für Rechtsgeschichte, Kanonische Abteilung

Quellenexegese zu Sinibaldus Fliscus, *Apparatus in V Libros Decretalium*, Frankfurt 1570, fol. 430 r.

A. Textwiedergabe und Übersetzung

„[…] dominia, possessiones, et iurisdictiones licite sine peccato possunt esse apud infideles, haec enim non tantum pro fideli, sed pro omni rationabili creatura facta sunt […].“[1]

Herrschaftsrechte, Eigentum bzw. Besitztümer und Gerichtsgewalt kann es erlaubtermaßen und ohne Sünde bei den Ungläubigen geben, denn diese Dinge sind nicht nur für die Gläubigen, sondern für alle vernunftbegabte Wesen geschaffen.[2]

1 *Innozenz IV.*, Apparatus, fol. 430 r. Kommentar zur Dekretale *Quod super his* (X 3.34.8; Friedberg (Hrsg.), Corpus Iuris Canonici, Bd. 2, Sp. 593 f.). Zugunsten der Lesbarkeit wurden abgekürzte Worte vervollständigt und die Trennung von ae etc. vorgenommen.

2 Bei der Übersetzung wurde die Kompilation (überwiegend) lateinischer Originaltexte mit englischen und deutschen Übersetzungen von Grewe (Hrsg.), Fontes historiae iuris gentium, Bd. 1, S. 348 f. herangezogen. Ein Großteil der dortigen Formulierung wurde hier übernommen. Eine ähnliche Übersetzung findet sich bei *Höffner*, Christentum und Menschenwürde, S. 98 f.

B. Erläuterungen zur Inskription des Quellentextes und zur Herkunft des Fragmentes

I. Das Leben und Werk des Sinibaldus Fliscus als „Juristenpapst" und „skrupelloser Politiker"

Der Autor der Textstelle ist Sinibaldus Fliscus (ital. Sinibaldo de Fiesco pl. dei Fieschi), der von vor 1200 bis 1254 lebte. Als Papst (1243–1254) gab er sich den Namen Innocentius (Innozenz) IV.

Sinibaldus entstammte einer genuesischen Patrizierfamilie. Zunächst studierte er beide Rechte in Parma und in Bologna. Ebenda wurde er vermutlich[3] von den „maîtres les plus reputés"[4] dieser Zeit unterrichtet, zu denen Laurentius, Vincentius, Johannes Teutonicus und Jacobus de Albenga im kanonischen Recht sowie Azo und Accursius im römischen Recht zählten.[5]

Nach seinem Studium – und möglicherweise[6] mit einer sich daran anschließenden kanonistischen Lehrtätigkeit – in Bologna begann sein Wirken in der römischen Kirche. Zunächst war Sinibaldus von 1216 bis 1224 Kanoniker im Domkabinett[7] des damaligen Bischofs von Parma,

3 Obschon Innozenz IV. diese in seinem Kommentar zitiert, kann nicht sicher gesagt werden, dass sie tatsächlich seine akademischen Lehrer waren. Vgl. nur *Brand-Pierach*, Ungläubige im Kirchenrecht, S. 46 m.w.N.

4 *Andrieu-Guitrancourt*, Introduction sommaire à l'étude du droit, S. 1295.

5 Siehe die Aufzählung bei *v. Schulte*, Geschichte, Bd. 2, S. 91 m.w.N. statt vieler.

6 Bejahung der Lehrtätigkeit von *Plöchl*, Geschichte des Kirchenrechts, Bd. 2, S. 448. In Frage gestellt etwa von *Müller*, Innocentius IV papa, S. 3 m.w.N.

7 So explizit bei *v. Schulte*, Geschichte, Bd. 2, S. 91 m.w.N., der damit wohl das Domkapitel meint.

der sein Onkel war.[8] Nur zwei Jahre später soll er – nach einer verbreiteten Auffassung in der Literatur – an der Seite des päpstlichen Legaten Kardinal Hugolinus, des späteren Papstes Gregor IX., wesentlich zur diplomatischen Lösung des Konflikts zwischen den Städten Genua und Pisa beigetragen haben.[9] In jedem Fall wurde er Jahre 1226 zum Bischof von Albenga ernannt um im darauffolgenden Jahr – inzwischen von Papst Gregor IX. – die Kardinalpriesterwürde zu erhalten.[10]

Während des Pontifikats Gregors IX. hatte Sinibaldus auch andere wichtige Kirchenämter inne. So nahm er als päpstlicher Legat und Rektor der Mark Ancona politische Schlüsselpositionen in der Auseinandersetzung zwischen dem Papst und dem Stauferkaiser Friedrich II. um die Vormachtstellung von Kirche bzw. Kaiser in Europa ein. Sinibaldus übte hierbei eher diplomatisch-vermittelnde Funktionen aus, zumal er aus der mit dem Kaiser- wie mit dem Papsttum eng verbundenen, politisch einflussreichen und wirtschaftlich umtriebigen Familie derer von Fieschi stammte.[11]

Sinibaldus sollte Coelestin IV., der nach Gregor IX. nur wenige Tage im Jahre 1241 regierte, auf den Stuhle Petri folgen. Seine eigentliche Wahl zum Papst konnte jedoch wegen des anhaltenden Konflikts mit dem Kaiser und einer Besetzung Roms erst nach eineinhalbjähriger

8 *v. Schulte*, Geschichte, Bd. 2, S. 91 m.w.N.

9 Auch dies kann nicht zweifelsfrei gesagt werden. Die diplomatische Tätigkeit wird bspw. bei *v. Schulte*, Geschichte, Bd. 2, S. 91 genannt. Vgl. erneut kritisch auch hierzu *Müller*, Innocentius IV papa, S. 3 m.w.N.

10 *Fichtinger*, Lexikon der Heiligen und Päpste, S. 176.

11 Vgl. etwa *Müller*, Innocentius IV papa, S. 3 f.: „[…] so läßt sich folgern, daß die Ernennung Sinibaldus auf diesen neuralgischen Posten in einer kurzen Zeit der Entspannung zwischen Kaiser [Friedrich II., Anm. d. Verf.] und Papst [Gregor IX., Anm. d. Verf.] erfolgt, und daß vielleicht auch hier die über viele nutzbare Verbindungen verfügende Familie der Fieschi mit einer der Gründe für die Entscheidung Gregors ist."

Sedisvakanz im Jahre 1243 erfolgen. Diese war – nota bene – die erste überhaupt von einem Konklave durchgeführte Papstwahl.[12]

In die Zeit seines bis 1254 dauernden Pontifikats fielen bedeutende kirchengeschichtliche sowie allgemeinhistorische Ereignisse und Entwicklungen. Hierbei ist an die schwierige Lage der Christen im Heiligen Land nach der Einnahme Jerusalems durch die Sarazenen, an die Bedrohung (Ost-)Europas durch die Mongolen bzw. Tataren und an den fortgesetzten und sich zuspitzenden reichsinternen Konflikt zwischen ihm und Friedrich II. zu denken.[13]

Als begnadeter Jurist und erfahrener Diplomat war Innozenz IV. ein „skrupelloser Politiker und kalter Stratege der Macht“[14]. Dabei ist ein politisches Handeln von einer gewissen Ambivalenz geprägt. So war er einerseits um den Kontakt zu den Mongolen bemüht. Hierbei zielten seine Aktivitäten – zuvorderst die Entsendung von Mönchen – auf deren friedliche Missionierung, die im Ergebnis allerdings weitgehend

12 *Müller*, Innocentius IV papa, S. 4.

13 Statt vieler *Barraclough*, Medieval Papacy, S. 135.

14 *Dettelbacher/Pleticha*, Deutsche Geschichte, Bd. 3, S. 313; ähnlich auch *Amon*, Mittelalter, in: Lenzenweger/Stockmeier/Amon/Zinnhobler (Hrsg.), Geschichte der katholischen Kirche, S. 181 (216). Vgl. ferner *Fichtinger*, Lexikon der Heiligen und Päpste, S. 177. Dieser notiert Innozenz’ maßlosen Hass gegenüber Friedrich II. Überdies konstatiert er zu Innozenz’ IV. letzten Lebensjahren: „Am 7. Dezember 1254 starb Innozenz IV. in Neapel, verhaßt von allen wegen seiner Geldgier, seiner Hinterlist und seinem […] Nepotismus“. Nach *Kühner*, Das Imperium der Päpste, S. 194 formulierte Ferdinand Gregorovius das treffendste Urteil über Innozenz IV.: „Ein gewissenloser Priester, das entschiedene Parteihaupt der guelfischen Richtung seiner Zeit, listig mit Verträgen spielend, vor nichts zurückschreckend, was ihm der eigene Vorteil bot, so erfüllte er die Welt mit Empörung und Bürgerkrieg und zog er die Kirche tief in die weltlichen Dinge herab, die er zu heiligen stempelte. Jeder Mensch von freiem Urteil kann nur mit Widerwillen auf den Zustand eines beständigen Feldlagers oder Diplomatenkabinetts oder eines Geldgeschäftes blicken, in welchen Innocenz die Kirche versetzte, und er wird Mühe haben, das Urteil über ihn durch den Charakter seiner Zeit zu mildern.“

fehlschlugen. Gleichsam engagierte er sich für die Kooperation mit den Mongolenfürsten auf politischer Ebene.[15]

Andererseits predigte er den Kreuzzug gegen zahlreiche seiner innen- und außenpolitischen Gegner. Allen voran führte er den politischen und militärischen Konflikt gegen das Staufergeschlecht fort, in personam gegen Friedrich II.[16] Ebenso rief er zum Kreuzzug gegen die Heiden in Nordosteuropa (Preußen und Balten) sowie gegen die Araber auf der iberischen Halbinsel und im Heiligen Land auf.[17]

Eingebettet in den schon von seinen Vorgängern (etwa Innozenz III.) geerbten Konflikt mit den Stauferkaisern extensivierte Innozenz IV. die

15 Siehe zur Mongolenmission unter Innozenz IV. etwa *Bezzola*, Mongolen in abendländischer Sicht, S. 110–182, besonders 118 ff. und 189.

16 In der sein gesamtes Pontifikat überdauernden Auseinandersetzung mit den Staufern musste er Rom, das vor kaiserlichen Truppen nicht mehr sicher war, verlassen und unter dem Schutz des französischen Königs nach Lyon fliehen. So genoss Innozenz IV. den Schutz des französischen Königs in Lyon, das damals zwar kein Teil seines Reichs, aber in dessen Einflusssphäre stand. Doch nutzte er diese Situation für seine Zwecke, indem er im Jahre 1245 ebenda ein Konzil (1. Allgemeines Konzil von Lyon) abhielt. Hier statuierte er die vorgenannten universellen Machtansprüche des Papstes, die später als päpstliche *potestas directa in temporalibus* (vgl. *Kölmel*, Regimen Christianum, S. 27 m.w.N.) bezeichnet werden. Ferner erklärte er Friedrich II. der Häresie und des Ketzertums für schuldig, erklärte ihn als Kaiser für abgesetzt und rief die Reichsfürsten zur Neuwahl des Kaisers auf (*Ad apostolicae dignitatis apicem*, VI 2.14.2.). Er habe sich mit dem Sultan gegen Papsttum und Christenheit verbündet, habe „sich in Lüsternheit durch sündhaften Umgang mit sarazenischen Mädchen befleck[t]“ So *Amon*, Mittelalter, in: Lenzenweger/Stockmeier/Amon/Zinnhobler (Hrsg.), Geschichte der katholischen Kirche, S. 181 (217).

17 *Becker*, Stellung des kanonischen Rechts zu den Andersgläubigen, in: Grenzmann/Haye/Henkel/Kaufmann (Hrsg.), Wechselseitige Wahrnehmung der Religionen, S. 101 (108). Hinsichtlich des Kampfes um die Vorherrschaft im Nahen Osten *Lupprian*, Beziehungen der Päpste zu den islamischen und mongolischen Herrschern im 13. Jahrhundert, S. 38–45. Vgl. auch *Berger*, Registres d’Innocent IV, Bd. 1, Nrn. 30, 162, 2050, 2229, 2230, 2931, 3054, 3860, 4097, 4333, 5109, 5556, 6212, 6322, 6845, 7312, 7792, 7793, 7881, 7946.

weltlichen Herrschaftsansprüche des Papstes.[18] Er entwickelte aus der damals anerkannten Zwei-Schwerter-Lehre[19] – deren Weiterentwicklung durch Papst Gregor VII. bereits den päpstlichen Vorrang gegenüber aller weltlichen Gewalt formulierte – eine Theorie der nunmehr auch in profanen Angelegenheiten weltumspannenden Vorherrschaft des Papstes (*plenitudo potestatis*[20]).

....

18 Insofern ist seine Namenswahl nicht von Zufall geprägt, sondern sie ist – wie bei allen Päpsten – ein Ausdruck von Kontinuität mit den vorigen Namensträgern, in concreto mit Innozenz III. Dies betont etwa *Müller*, Innocentius IV papa, S. 4, *Hergemöller*, Geschichte der Papstnamen, S. 11 ff.

19 Urheber dieser Lehre waren Bernhard von Clairvaux und Johannes von Salisbury in der Mitte des 12. Jahrhunderts. Die theologische Grundlage für die Zwei-Schwerter-Lehre lag vor allem in Lk 22,38 („At illi dixerunt Domine ecce gladii duo hic at ille dixit eis satis est." (dt.: „Sie sprachen aber: Herr, siehe, hier sind zwei Schwerter. Er aber sprach zu ihnen: Es ist genug."), Eingehend zu dieser Lehre etwa *Meder*, Rechtsgeschichte, S. 151 ff.; *Watt*, Theory of Papal Monarchy, S. 66; *Scattola*, Eine innerkonfessionelle Debatte, in: Fidora/Fried/Lutz-Bachmann/Schorn-Hütte (Hrsg.), Politischer Aristotelismus, S. 139 (143). Die Akzeptanz der hergebrachten Auslegung der Zwei-Schwerter-Lehre, welche seit dem Mittelalter den Dualismus von Papst- und Kaisertum legitimierte, war zwar bereits von den unmittelbaren Vorgängern Innozenz' erodiert. Innozenz IV. sprach schließlich von einer *specialis coniunctio* zwischen Papst und Kaiser. Die Krönung des Kaisers durch den Papst sei Ausdruck der Macht des Papstes, die Kaiserwürde auch abzuerkennen. So Innozenz IV. in seinem Kommentar zur Dekretale X 2.2.10.: „Nam specialis coniunctio est inter papam et imperatorem, qui papa eum consecrat et examinat et est imperator eius advocatus et iurat ei: et ab eo imperium tenet [...]." (*Innozenz IV.*, Apparatus, fol. 197 v). Siehe dazu: *Watt*, Theory of Papal Monarchy, S. 66.

20 Zu dem Konzept der *plenitudo potestatis* bei Innozenz IV.: „[...] scilicet papam, et hoc ex plenitudo potestatis [...]." *Innozenz IV.*, Apparatus, fol. 373 r, Kommentar zu X 3.5.5). Aus der Literatur hierzu *Scattola*, Eine innerkonfessionelle Debatte, in: Fidora/Fried/Lutz-Bachmann/Schorn-Hütte (Hrsg.), Politischer Aristotelismus, S. 139; *Pennington*, Pope and Bishops, S. 128. Bei Innozenz III. sind es die Dekretalen *Venerabilem*, *Per venerabilem* und *Novit* (X 1.6.34; 4.17.13; 2.1.13) und dazu aus der Literatur z.B. *Scattola*, Eine innerkonfessionelle Debatte, in: Fidora/Fried/Lutz-Bachmann/Schorn-Hütte (Hrsg.), Politischer Aristotelismus, S. 139 (144) m.w.N.

Als vicarius Christi[21] sah er sich in der Rolle nicht nur des religiösen, sondern auch des säkularen Herrschers der Welt.[22] Der Vertreter Christi auf Erden und Nachfolger Petri habe auch das höchste weltliche, weil von Gott höchstselbst ihm verliehene, Amt inne. Diese Stellung sah er zudem durch seine Funktion als *iudex ordinarius omnium* („Papa iudex ordinarius est omnium“[23]) ergänzt, sodass er auch die oberste ordentliche Rechtsprechungsinstanz in weltlichen wie religiösen Fragen sei.[24]

Da das Kaisertum die exklusive und universelle, weltliche Herrschaft für sich vice versa beanspruchte, standen sich zwei Universalgewalten theoretisch wie praktisch unversöhnlich gegenüber.[25] Dieser Konflikt ging so weit, dass Innozenz IV. auf dem ersten allgemeinen Konzil von Lyon den Kaiser wegen Häresie, Verbrüderung mit den sarazeni-

21 Dies findet sich auch in der in dieser Exegese analysierten Stelle aus Innozenz' IV. Werk, mithin in seinem Kommentar zur Dekretale *Quod super his* (X 3.34.8; Friedberg (Hrsg.), Corpus Iuris Canonici, Bd. 2, Sp. 593 f.). *Innozenz IV.*, Apparatus, fol. 430 r: „Et propter hoc dicimus, non licet papae vel fidelibus auferre sua, sive dominia, sive iurisdictiones, infidelibus, quia sine peccato ea possident; sed bene tamen credimus, quod *papa, qui est vicarius Iesu Christi*, potestatem habet non tantum super Christianos, sed etiam super omnes infideles, cum enim Christus habuerit super omnes potestatem, unde in psalmo: Deus iudicium regi da; non videtur diligens paterfamilias nisi vicario suo, quem in terra dimittebat, plenam potestatem super omnes dimisisset.“ (Herv. d. Verf.).

22 Zum Ganzen: *Becker*, Stellung des kanonischen Rechts zu den Andersgläubigen, in: Grenzmann/Haye/Henkel/Kaufmann (Hrsg.), Wechselseitige Wahrnehmung der Religionen, S. 101 (109).

23 *Innozenz IV.*, Apparatus, fol. 200 r.

24 Für die Korrelation zwischen den beiden Ämtern siehe *Watt*, Theory of Papal Monarchy, S. 71: „*Vicarius Christi* was not however the only term to encompass Innocentian thinking about the papal power in temporal affairs. It had a corollary: *plenitudo potestatis*. The one expressed the office, the other the jurisdiction – both had their terms of reference in a concept of a single united Christian society over which the vicar of Christ exercised authority.“ (Herv. i. O.).

25 Vgl. nur *Morris*, Papal Monarchy, S. 568–577.

schen Herrschern im Vertrag von Jaffa und anderen Gründen absetzt (*Ad Apostolicae Dignitatis Apicem*, VI 2.14.2).

Die weltlich-politische Bedeutung dieser, im Hoch- und Spätmittelalter etablierten, *papal monarchy*[26] darf nicht unterschätzt werden. Nachdem die Streitigkeit um die Investitur von Bischöfen und Äbten (sog. Investiturstreit zwischen Papst Gregor VII. und Kaiser Heinrich IV.) zugunsten des Papstes entschieden worden war, hatte die mittelalterliche Papstkirche bereits jenen – auch säkular zu verstehenden – Souveränitätsgedanken[27] antizipiert, der erst über zwei Jahrhunderte danach von Jean Bodin[28] für den weltlichen Staat tatsächlich ausformuliert werden sollte.[29] Spätere lateinische Fassungen von Bodins Werk weisen sogar explizit darauf hin, dass er seinen Souveränitätsbegriff an die Lehre der *plenitudo potestatis* nach Innozenz IV. lehnte.[30]

Überdies kollidierte die innozenzianische Konzeption und Überbetonung der insbesondere von seinem Vorgänger – Innozenz III. – bereits vertretenen Lehre der päpstlichen *plenitudo potestatis* auch mit den Ansprüchen fremder Herrscher. Die hiermit konfligierenden

26 Statt vieler *Morris*, Papal Monarchy, passim.

27 Zur kircheninternen Bedeutung der päpstlichen Herrschaft siehe *Pennington*, Pope and Bishops, S. 128; so *Ottmann*, Geschichte des politischen Denkens Bd. 2, 77 f.: „Die Kirche wird eine in sich geschlossene juristische Körperschaft, lange bevor es der weltlichen Gewalt gelingt, die weltliche Herrschaft juristisch zu fundieren" und „Eine für die Politik entscheidende, ihr vorauslaufende und auf sie abfärbende Entwicklung war die der päpstlichen Souveränitätsidee. Deren Schlüsselbegriff – er wird zum Geburtshelfer der weltlichen Souveränitätslehre – ist der Begriff der *plenitudo potestatis* […]." (Herv. i. O.).

28 *Bodin*, Les six livres de la république, Bd. 1, passim.

29 Vgl. hierzu nur *Schliesky*, Souveränität und Legitimität, S. 60 f. m.w.N.; zur Idee der „Souveränität" des Papstes im Spätmittelalter: *Wilks*, Problem of Sovereignty in the Later Middle Ages, passim und besonders S. 151–183 zu den Einflüssen Innozenz' III. (S. 164 ff.) sowie zu denen Innozenz' IV. (S. 166).

30 *Bodin*, De republica libri sex, Bd. 1, S. 160. Kritisch zur Authentizität dieser Verweise etwa *Blindow*, Carl Schmitts Reichsordnung, S. 112 m.w.N.

Machtansprüche fremder Herrscher waren die der Sarazenen und Mongolen, mit denen zu jener Zeit für ganz Europa ohnehin militärisch geführte Konflikte bestanden.[31]

Innozenz' IV. gesamtes Vermächtnis – sein politisch-praktisches Handeln und sein juristisch-publizistisches Opus – ist im Lichte dieser historischen Koordinaten zu sehen.[32] Wie noch näher gezeigt wird, steht letztlich auch die hier untersuchte Quelle in einem engen Zusammenhang mit der Kollision des Universalgewaltsanspruchs des Papstes mit einem spiegelbildlichen Anspruch seiner innen- und außenpolitischen Konkurrenten, mithin Friedrichs II., der Mongolen- und der Sarazenenherrscher.

Mit seinen zahlreichen juristischen Schriften rechtfertigte Innozenz IV. seine eigenen politischen Ziele und sein Handeln. Sein Werk ist dabei nicht nur sehr umfangreich. Vielmehr ist es auch von bemerkens-

---

31 Ein kurzer Vermerk zur Erfolgslosigkeit der Missionsversuche beinhaltet *Roberts*, Innocent IV, in: Coppa (Hrsg.), Encyclopedia of the Vatican and Papacy S. 215 passim. Ausführlich auch zur Reaktion der Mongolenführer auf die Missionsversuche durch Innozenz IV. etwa *Lupprian*, Beziehungen der Päpste zu den islamischen und mongolischen Herrschern im 13. Jahrhundert, S. 48–59. So verlangte der Großkhan Göjük und der Feldherr Baidschu und nichts weniger als die Unterwerfung des Papstes und aller christlichen Herrscher unter ihre mongolische Gewalt (a.a.O., S. 53–55, mit Übersetzung der Originalquelle zu Baidschu, S. 190 ff.).

32 Auf dem 1. Allgemeinen Konzil von Lyon im Jahre 1245 waren die wichtigsten Themen die oben genannten. Diese sind in der *Relatio de Concilio Lugdunensi* zusammengefasst: „[…] incipiens, quod multiplex erat dolor suus [i.e. Inncentii IV, Anm. d. Verf.], quia V dolores circumdederunt eum. Primus erat de deformitate prelatorum et subditorum, secundus de insolentia Sarracenorum, tertius de scismate Grecorum, quartus de sevitia Tartarorum, quintus de persecutione Frederici imperatoris." Zitiert in: Weiland (Hrsg.), MGH Constitutiones Bd. 2, Nr. 40, S. 507 (514). Siehe zu dem Ganzen auch *Brand-Pierach*, Ungläubige im Kirchenrecht, S. 48 f.; Vgl. *Becker*, Stellung des kanonischen Rechts zu den Andersgläubigen, in: Grenzmann/Haye/Henkel/Kaufmann (Hrsg.), Wechselseitige Wahrnehmung der Religionen, S. 101 (109).

werter dogmatischer Brillanz.[33] Allgemein lässt sich festhalten, dass mit Innozenz IV. und seinem Schüler, Henricus de Segusio (als damaliger Kardinal von Ostia gen. Hostiensis)[34], die kanonistische Rechtswissenschaft in der Mitte des 13. Jahrhunderts in einer nie da gewesenen Blütezeit stand.[35] Maitland geht gar so weit, von Innozenz IV. als dem „greatest lawyer that ever sat upon the chair of St Peter"[36] zu sprechen.[37]

In dieser Zeit der Blüte der kanonischen Rechtswissenschaft nimmt Innozenz IV., der weithin als „Juristenpapst"[38] bezeichnet wird, eine Sonderstellung ein. So gehörte er als Papst und Jurist zugleich zu den „für die Kanonistik bedeutsamsten Gesetzgeber[n] und Rechtsgelehrten"[39]. Im Unterschied zu anderen Nachfolger des hei-

33 Vgl. nur *Schmoeckel*, Kanonisches Recht, Rn. 645.

34 Zu seinem Werk im Kontext der hier bearbeiteten Textstelle später in dieser Arbeit.

35 So werden Innozenz IV. und Hostiensis als die „beiden größten mittelalterlichen Kanonisten überhaupt" bezeichnet, vgl. *Nörr*, kanonistische Literatur, in: Coing (Hrsg.), Privatrechtsgeschichte, Bd. 1, S. 365 (366).

36 *Maitland*, Moral Personality and Legal Personality, in: Fisher (Hrsg.), The Collected Papers, Bd. 3, S. 304 (310). An dieser Stelle sei zudem angemerkt, dass er lange Zeit als der Urheber des heutigen Rechtsinstituts der juristischen Person gilt, welches er aus dem römischen Recht entwickelt haben soll. Diese Annahme bzgl. dieser speziellen juristischen Leistung von Innozenz IV., die durch das Werk Maitlands weltweite Verbreitung fand, ist inzwischen widerlegt. Vielmehr ist es die h.M., dass mittelalterliche Kanonisten – wie Innozenz IV. – römisch-rechtliche Lehren aufgriffen und sie fruchtbar machten für die Entwicklungen des kanonischen und später auch weltlichen Rechts im Spätmittelalter und in der Neuzeit. Vgl. hierzu ausführlich und m.w.N.: *Meder*, Doppelte Körper im Recht, S. 58 f.

37 Dieses Zitat wird später oftmals mit Blick auf Innozenz' *Apparatus* verwendet. Vgl. nur statt vieler *Muldoon*, Rights, Property, and the Creation of International Law, in: ders. (Hrsg.), Bridging the Medieval-Modern Divide, S. 175 (186); *ders.*, Forerunners of Humanitarian Intervention?, in: Justenhoven/Barbieri (Hrsg.), From Just War to Modern Peace Ethics, S. 99 (111).

38 *Becker*, Innozenz IV., in: Cordes (Hrsg.), HRG, Bd. 2, Spalte 1230 f.; *Tierney*, The Idea of Natural Rights, S. 143 für diesen Begriff in englischer Sprache als „jurist-pope".

39 *Plöchl*, Geschichte des Kirchenrechts, Bd. 2, S. 448.

ligen Petrus setzte Innozenz IV. nicht nur Recht in seiner Funktion als Papst und agierte damit „ex cathedra". Vielmehr publizierte er während seines Pontifikats Privatarbeiten ebenso als Doktor beider Rechte.[40] Als Jurist verfasste er den dieser Untersuchung zugrundeliegenden und äußerst einflussreichen *Apparatus* zu den Dekretalen[41] von Gregor IX.[42] Diese älteren päpstlichen Gesetzgebungsakte boten ihm Anlass, sich mit zu seinen Leb- bzw. Regierungszeiten aktuellen politischen Fragestellungen auseinanderzusetzen. Diese Themen wiederum setzte er als Papst selbst auf die politische Agenda. Der Kreis zwischen seinem Amt in Politik und Religion sowie seinem Wirken in der Jurisprudenz schließt sich hiermit. Dies zeigt sich insbesondere dadurch, dass er sich auch als Kommentator seiner eigenen Konstitutionen (*Novellae Innocentii IV*) betätigte,[43] in denen

40 Vgl. nur *Carlyle/Carlyle*, Political Theorie of the Thirteenth Century, Bd. 5, S. 318 f.; *Plöchl*, Geschichte des Kirchenrechts, Bd. 2, S. 519; *Andrieu-Guitrancourt*, Introduction sommaire à l'étude du droit, S. 1295: „Une des particularités d'Innocent IV est d'avoir commenté, ent ant que docteur privé, plusieurs décrétales. Une des plus célèbres, qu'il adressa aux maîtres et aux étudiants de Paris et de Bologne et qu'il prit le soin de gloser lui même avec la plus parfaite objectivité, est la constitution « Romana ecclesia », si justement connue et qui reste toujours à la base de la législation ecclésiastique sur le pouvoir du métropolitain."

41 Siehe zur Erläuterung des Begriffs der Dekretale *Nörr*, Entwicklung des Corpus iuris canonici, in: Coing (Hrsg.), Privatrechtsgeschichte, Bd. 1, S. 835 (839 f.) m.w.N.

42 Hier die Dekretale *Quod super his* (X 3.34.8; Friedberg (Hrsg.), Corpus Iuris Canonici, Bd. 2, Sp. 593 f.).

43 Eine Zusammenfassung seines gesetzgeberischen Wirkens: *Müller*, Innocentius IV papa, S. 8 f. Innozenz IV. kompilierte drei Sammlungen, die im Jahre 1245, 1246 und 1253 promulgiert wurden und die er in den *Liber Extra* aufgenommen sehen wollte. Papst Bonifaz VIII. ließ sie später allerdings dem *Liber Sextus* zuordnen. Die Konstitutionen sind bspw. zu finden bei *Mansi*, *Sacrorum conciliorum nova, et amplissima collectio*,, Bd. 23, Sp. 651–682. Ausführlich aus der Literatur: *Kessler*, Untersuchung über die Novellen-Gesetzgebung Papst Innozenz' IV. (I), ZRG KA 1942, S. 142–320, *ders.*, Untersuchung über die Novellen-Gesetzgebung Papst Innozenz' IV. (II), ZRG KA 1943, S. 300–383; *ders.*, Untersuchung über die Novellen-Gesetzgebung Papst Innozenz' IV. (III), ZRG KA 1944, S. 56–128.

er etwa die von ihm verhängte Absetzung Friedrichs II. erläuterte bzw. legitimierte.[44]

II. Textgeschichte

Die zitierte Stelle stammt aus den *Commentaria Apparatus in V Libros Decretalium*, der vermutlich gegen 1250 von Innozenz IV. publiziert wurde. Die genaue Datierung in der Wissenschaft bleibt jedoch umstritten.[45]

Innozenz kommentiert hier den sog. *Liber Extra*[46]. Dabei handelt es sich um eine Kompilation päpstlicher Gesetzgebungsakte, d.h. der Dekteralen. Diese Sammlung gab Papst Gregor IX. (1227–1241) bei dem katalanischen Dominikanermönch und Kanonisten Raymundus de Pennaforte (span. Raimundo de Peñafort) in Auftrag, um die über Jahrhunderte angesammelte, unübersichtliche und sich teils widersprechende Masse an päpstlichen Entscheidungen in eine ausschließliche, universelle Ordnung zu bringen. Das im Jahre 1234 fertiggestellte Werk ist bis heute unter den Begriffen *Liber Extra* oder (seltener) *Collectio*

44 So etwa zu seiner Dekretale zur Absetzung des Kaisers, Friedrich II. (*Ad Apostolicae Dignitatis Apicem*, VI 2.14.2).

45 Für 1250 spricht sich *Muldoon*, Popes, Lawyers and Infidels, S. 46 aus. Für eine Publizierung bereits 1245 (wenn auch nur en passant erwähnt) dagegen *Freidenreich*, Sharing Meals With Non-Christians in Canon Law Commentaries, ME (14) 2008, S. 41 (69). Eine Datierung der (Vor-)Arbeiten (weit) vor seinem Pontifikat wird in der neuen Literatur jedoch abgelehnt, da es hierfür – vom Schweigen der Quellen abgesehen – keine Beweise gibt. Aufgrund der Ereigniskette – insbesondere der mit seinem im *Apparatus* formulierten Machtanspruch und die Absetzung Friedrichs II. auf dem Konzil von Lyon – sei vielmehr davon auszugehen, dass erst mit dem Konzil von Lyon 1245 seine Arbeit überhaupt beginnt. *Brand-Pierach*, Ungläubige im Kirchenrecht, S. 46; *Müller*, Innocentius IV papa, S. 8 f.

46 Eine Einführung zum *Liber Extra* liefert *Erdö*, Quellen des Kirchenrechts, S. 120 ff.

Decretalium Gregorii IX bekannt. Daneben stand das ältere *Decretum Gratiani*,[47] das – obwohl es nur eine Privatsammlung war – selbst nach Publikation des *Liber Extra* eine informelle, aber gesetzesgleiche Gültigkeit behielt.[48] Mithin unterscheidet sich der *Liber Extra* sich in einem zentralen Punkt von all den bis dahin vorhandenen Kompilationen als es die erste offizielle kirchliche Gesetzessammlung darstellte.[49] Der *Liber Extra* wurde Teil des bis 1917 geltenden Kirchenrechts, das ab dem 16. Jahrhundert als *Corpus Iuris Canonici* bezeichnet wurde.[50]

Dieser Kommentar Innozenz' IV. zu den Dekretalen und Dekreten seiner Vorgänger stellt auch den eigentlichen Ausgangspunkt für sein außerordentliches[51] juristisches Erbe dar.[52] Denn seinen *Apparatus* zeichnen zweierlei Besonderheiten aus: Zum ersten ist es ein umfassender Großkommentar und nicht nur eine kurze Glossierung. Zum zweiten ist die Stellung des Autors bemerkenswert, denn hier kommentierte

47 *Schmoeckel*, Kanonisches Recht, Rn. 541 ff.

48 Vgl. nur *Schmoeckel*, Kanonisches Recht, Rn. 576 ff.

49 *Sägmüller*, Lehrbuch des katholischen Kirchenrechts, S. 131, 136 ff. *Nörr*, Entwicklung des Corpus iuris canonici, in: Coing (Hrsg.), Privatrechtsgeschichte, Bd. 1, S. 835 (842). Es war aber kein Gesetzbuch im modernen Sinne sondern eine bloße Sammlung von einzelnen Normen. Indes waren alle anderen Sammlungen zuvor – hier sei besonders das *Decretum Gratiani* genannt – einstweilen nur private Kompilationen. Vgl. *Sägmüller*, a.a.O., S. 129; *v. Schulte*, Geschichte, Bd. 2, S. 16 f. *Nörr*, Entwicklung des Corpus iuris canonici, in: Coing (Hrsg.), Privatrechtsgeschichte, S. 835 (838) zur Privatarbeit *Decretum Gratiani*.

50 Dieser bestand daneben aus dem *Liber Sextus*, den Clementinen (*Clementinae Constitutiones*) und der Extravagantensammlung (*Extravagantes Johannis XXII.*, *Extravagantes Communes*). Vgl. *Nörr*, Entwicklung des Corpus iuris canonici, in: Coing (Hrsg.), Privatrechtsgeschichte, Bd. 1, S. 835 (845). Zum CICan ein Überblick bei: *Tier*, Corpus Iuris Canonici, in: Cordes (Hrsg.), HRG, Bd. 894–901.

51 Der „Apparatus brought the canonist system very near to completion", so *Watt*, Theory of Papal Monarchy, S. 9.

52 Ähnlich auch *Carlyle/Carlyle*, Political Theorie of the Thirteenth Century, Bd. 5, S. 318 f.

ein Papst das päpstliche Recht: „Authentischer geht es kaum."[53] Aus diesen beiden Gründen wird Innozenz' IV. *Apparatus* als Gesamtwerk noch Jahrhunderte später als „une consultation fort instructive"[54] für die Interpretation des kirchlichen Rechts des Mittelalters gelten.[55]

53 *Müller*, Innocentius IV papa, S. 9.

54 *Andrieu-Guitrancourt*, Introduction sommaire à l'étude du droit, S. 1295.

55 *v. Schulte*, Geschichte, Bd. 2, S. 93.

C. Textauslegung

I. Einführung

1. *Quod super his* und die Rechtsfolgen des nicht eingehaltenen Kreuzfahrergelübdes nach Innozenz III.

In der hier auszulegenden Stelle kommentiert Innozenz IV. den Papstbrief *Quod super his*[56] (X 3.34.8) von Innozenz III., der von 1198 bis 1216 Papst war. Innozenz III.57 richtete diesen Brief an den Erzbischof von Canterbury. Er beinhaltet die päpstliche Order, wie mit Personen zu verfahren ist, welche zwar gelobt hatten, an einem Kreuzzug ins Heilige Land teilzunehmen, dies aus diversen persönlichen Gründen aber nicht erfüllten.

2. Die Dekretale als Ausgangspunkt für innen- und außenpolitische Ausführungen Innozenz' IV.

Vordergründig geht es im Kommentar von Innozenz IV. zu diesem Text um jenes Gelübde zur Teilnahme an einem Kreuzzug in das Heilige Land. Die rechtliche Bindungswirkung bzw. die Konsequenzen des Bruchs des Kreuzfahrergelübdes waren auch zu Zeiten Innozenz'

---

56 X 3.34.8; Friedberg (Hrsg.) Corpus Iuris Canonici, Bd. 2, Sp. 593 f.

57 Zur Person Innozenz III. siehe *Amon*, Mittelalter, in: Lenzenweger/Stockmeier/Amon/Zinnhobler (Hrsg.), Geschichte der katholischen Kirche, S. 181 (213 ff.). Unter Innozenz III. befand sich das Papsttum auf dem Gipfelpunkt der Macht. Zum Selbstverständnis Innozenz' III. notiert Amon: „Zutiefst war er von der Meinung erfüllt, daß er als Stellvertreter Christi zur Leitung der Angelegenheiten des Abendlandes berufen sei. Seiner Überzeugung entsprach es, daß er geringer sei als Gott, aber größer als alle anderen Menschen der Welt" (a.a.O., S. 213).

IV. eine nicht minder praktisch relevante Frage. Schließlich predigte er ebenso das Kreuz gegenüber seinen inneren und äußeren Feinden und rief zum sechsten Kreuzzug ins Heilige Land auf.[58] Der eigentliche Schwerpunkt der Abhandlung Innozenz' IV. liegt indessen woanders. Er nutzte nämlich die Dekretale seines Vorgängers nur als Gelegenheit, um eigene, grundsätzliche Rechtsgedanken zu entwickeln.[59] Tatsächlich kommentiert er juristische Lösungen für andere sich während seines im Pontifikats akut stellenden politische und rechtliche Fragen. Bei diesen Fragen ging es namentlich um die Rechtstellung der Ungläubigen insgesamt und um das Verhältnis des Papstes zu weltlichen Herrschern, zu Gläubigen und Ungläubigen inner- und außerhalb des christlichen Abendlandes.[60]

Dies führt zu einer weiteren einleitenden Feststellung: Mit den Ausführungen des Kommentars zu *Quod super his* verließ Innozenz IV. dezidiert den damals traditionellen Sinn und Zweck der Kommentararbeiten der Dekretisten und Dekretalisten, insoweit ihre „principle task

58 Ausführlich zum Kreuzfahrergelübde bei *Brundage*, Medieval Canon Law and the Crusader, passim. Dort auch zum Werk Innozenz' III. in diesem Kontext, a.a.O., S. 121 ff.

59 Vgl. allgemein dazu die treffliche Feststellung von *Carlyle/Carlyle*, Political Theorie of the Thirteenth Century, Bd. 5, S. 355: „[…] it was substantially a new theory, and that the author of it as a developed conception was Innocent IV., *while he, no doubt, founded it upon the policy and phrases, often incidental, of Innocent III.*" (Herv. d. Verf.). Speziell zur hiesigen Stelle, *LeBras*, Innocent IV Romaniste, SG 1967, S. 305 (322): „[…] Innocent [IV, Anm. d. Verf.] développe les idées que lui suggère le texte et qui, parfois, n'ont aucun rapport direct avec lui: on n'en trouverait meilleur exemple que le commentaire de la lettre d'Innocent III à l'archevêque de Canterbury au sujet des voeux de croisade qui ne peuvent être exécutés […]."

60 Vgl. hierzu *Becker*, Stellung des kanonischen Rechts zu den Andersgläubigen, in: Grenzmann/Haye/Henkel/Kaufmann (Hrsg.), Wechselseitige Wahrnehmung der Religionen, S. 101 (108).

was to comment upon the texts and to understand the meaning of what was in the texts. It was not to develop their own ideas."[61]

Allerdings ist nicht eindeutig geklärt, aus welchem Grunde Innozenz IV. ebendiesen Papstbrief zum Ausgang seiner Überlegungen machte; *Quod super his* wurde 20 Jahre vor seinem Pontifikat im *Liber Extra* publiziert und wurde in diesem Zeitraum von niemandem vor ihm ausführlich kommentiert.[62] Außerdem wurde jener Papstbrief im *Liber Extra* nicht an prominenter Stelle unter dem Titel zur Juden- und Sarazenenpolitik – wie es hinsichtlich der Frage nach der Rechtstellung der Ungläubigen zu vermuten wäre – sondern gänzlich unscheinbar[63] unter dem Titel *De voto et voti redemptione* platziert.

61 *Helmholz*, Spirit of Classical Canon Law, S. 24.

62 Zeitgleich entstand die Glosse von Bernhard de Botone, die Innozenz IV. in seinem Wunsch bestätigte, einen größeren Kommentar zu publizieren. Dazu hält *v. Schulte*, Geschichte, Bd. 2, S. 93 fest: „Baldus und nach ihm Diplovataccius erzählt, er [Innozenz IV., Anm. d. Verf.] habe die Absicht gehabt, denselben [seinen Kommentar, Anm. d. Verf.] in der Gestalt einer Glosse den Dekretalen beizufügen, sei aber davon zurückgekommen, nachdem die Glosse des Barnardus Parmensis erschienen [sic!], und habe ihn nunmehr als besonderes Werk publizirt [sic!]. Ich halte dies für durchaus unwahrscheinlich, weil die ganze Anlage der Schrift zu einer fortlaufenden Glosse nicht passt […]." Dazu aus der neueren Literatur *Brand-Pierach*, Ungläubige im Kirchenrecht, S. 46. Den Unterschied zwischen beiden Werken in concreto auf X. 3.34.8 stellt *LeBras*, Innocent IV Romaniste, SG 1967, S. 305 (322) pointiert dar: „Notre première certitude est que l'ampleur des commentaires est très différente dans les deux ouvrages. Bernard proportionne ses explications au texte de chaque capitule, sans lacune et sans gonflement: il s'agit du'un apparat exemplaire. La Glose explique les mots, tandis qu' Innocent [IV, Anm. d. Verf.] développe les idées que lui suggère le texte et qui, parfois, n'ont aucun rapport direct avec lui: on n'en trouverait meilleur exemple que le commentaire de la lettre d'Innocent III à l'archevêque de Canterbury au sujet des voeux de croisade qui ne peuvent être exécutés […]."

63 So *Muldoon*, Popes, Lawyers and Infidels, S. 6: „The decretal, *Quod super his*, was located not in the title devoted to Jews and Saracens, but in the seemingly irrelevant title headed […]." (Herv. i.O.).

Hinsichtlich Innozenz' Motivation jenen Papstbrief zu kommentieren geht Muldoon von seinen diplomatischen und religiösen Bemühungen um die Mongolen. In der Tat versuchte Innozenz IV. die Mongolen zum christlichen Glauben zu missionieren, sie gleichsam als politische Verbündete gegen den nach Europa und ins Heilige Land vorgedrungenen Islam zu gewinnen. Zusätzlich versuchte er in dieser Zeit, die Stellung christlicher Bevölkerungsteile in mongolisch kontrollierten Gebieten zu sichern.[64] Brand-Pierach hingegen sieht die Mongolenmission von Papst Innozenz IV. nur als einen von mehreren Beweggründen für seine rechtsdogmatische Auseinandersetzung mit der Rechtsstellung der Ungläubigen. Innozenz IV. versuche vielmehr hiermit die päpstlichen Machtansprüche, zu denen seine Vorgänger (etwa Innozenz III, Gregor IX.) die Grundlagen lieferten, auszubauen und dogmatisch zu begründen.[65]

II. *Pro defensione Terrae Sanctae* – Einleitung des Kommentars zu *Quod super his*

Innozenz IV. beginnt seine Einlassungen mit der Feststellung, dass es sich bei den Kreuzzügen in das Heilige Land um einen Verteidigungskrieg *(pro defensione)* und nicht um einen Angriffskrieg handele.[66]

64 *Muldoon*, Popes, Lawyers and Infidels, S. 5 f.: „In the mid-thirteenth century […] pope Innocent IV […], developed a legal basis for a theory of papal relation with non-Christian societies. While it is not clear why Innocent IV initiated canonistic thinking in this area, it is worth noting that he was also the initiator of the Mongol mission, the attempt to come to an understanding with the Mongols of Central Asia who were threatening the eastern borders of Christendom […].“

65 Siehe hierzu *Brand-Pierach*, Ungläubige im Kirchenrecht, S. 47 f.

66 Diese Bezeichnung wird aber durch *Becker*, Stellung des kanonischen Rechts zu den Andersgläubigen, in: Grenzmann/Haye/Henkel/Kaufmann (Hrsg.), Wechselseitige Wahrnehmung der Religionen, S. 101 (108 f.) nahegelegt.

> „Pro defensione. Hoc non est dubium, quod licet papae fidelibus suadere et indulgentias dare, ut Terram Sanctam et fideles habitantes in ea defendant."

Demzufolge waren die Kreuzzügen in das Heilige Land in Wahrheit Rückeroberungskriege.[67] Gerechtfertigt wurde dieser Krieg dadurch, dass die Sarazenen dieses Land rechtswidrig von den Christen genommen hatten. Eine normativ-rechtliche Grundlage für die ursprünglich rechtmäßige christliche Herrschaft fand Innozenz IV. in der (angeblichen) Konstantinischen Schenkung, die auch das Heilige Land als Geburtsstädte Jesu Christi umfasste. Er implizierte diese zumindest, obwohl er um – die im 13. Jahrhundert bereits weithin vermutete – fehlende Authentizität der Quelle gewusst haben musste.[68]

Weiterhin fand er eine Rechts- bzw. Anspruchsgrundlage in der Stellung des Kaisers als *rex Hierusalem* (König von Jerusalem).

> „Sed si non potest facere tamquam imperator, potest facere ex aliis praedictis causis vel ad minus imperator potest facere ut rex Hierusalem, ad quem regnum illud de iure venit sicut credimus et credere debemus, ex quo contrarium nobis non constat."[69]

Dieser Anspruch stammte anders als die (angebliche) Konstantinische Schenkung keineswegs aus der Antike. Innozenz IV. soll sich nach einer verbreiteten Auffassung mit dieser Anmerkung auf den Vertrag von Jaffa bezogen haben wollen, der – nota bene – zwischen Friedrich II.

67 Vgl. nur *Muldoon*, Popes, Lawyers and Infidels, S. 6 f.; *Brand-Pierach*, Ungläubige im Kirchenrecht, S. 51; *Brundage*, Holy War and Medieval Lawyers, in: Murpy (Hrsg.), The Holy War, S. 99 (120).

68 Vgl. statt vieler hier nur *Brand-Pierach*, Ungläubige im Kirchenrecht, S. 76.

69 *Innozenz IV.*, Apparatus, fol. 430 r–431 v.

und dem Sultan von Ägypten im Jahre 1229 geschlossen worden war. Mit diesem Vertrag wurde der Anspruch des Kaisers auf den Kreuzfahrerthron anerkannt, den Friedrich einst durch die Heirat mit Isabelle von Brienne erhalten hatte. Innozenz notierte an dieser Stelle indessen lediglich, der Papst könne dem Kaiser, welcher zugleich König von Jerusalem war, bei der Wiedereinnahme des Heiligen Landes legalerweise zur Seite stehen.

Gegen die Annahme, Innozenz IV. habe sich hier auf den Vertrag von Jaffa berufen wollen, spricht indes der Konflikt zwischen ihm und Friedrich II., der wiederum diesen Vertrag geschlossen hatte. Innozenz sah dies als Verbrüderung mit dem Sultan an und warf dies dem Kaiser öffentlich vor. Letztlich begründet er auch damit die Absetzungssentenz auf dem Konzil von Lyon. Zudem spricht ein anderer historischer Umstand gegen die Annahme, es handelte sich bei der in Frage stehenden Stelle um einen Bezug auf den Vertrag von Jaffa. So hatte Friedrich II. den Anspruch auf den Thron im Heiligen Land durch seine vorverstorbene Gattin an den gemeinsamen Sohn Konrad (den nachmaligen Kaiser Konrad IV.) verloren, dessen Vormund er nurmehr war.[70]

In jedem Fall bildet die Einleitung zu seinem Kommentar zu *Quod super his* noch nicht den Kern seiner Ausführungen zu dieser Dekretale. Innozenz stellt an dieser Stelle rein deklaratorisch klar, was schon seit Beginn der Kreuzzüge außer Frage gestanden hatte: Dieser Heilige Krieg ist als Verteidigungskrieg (*defensio*) gerechtfertigt (*iusta causa*) und stellt damit einen *bellum iustum* dar,[71] für den auch der Kreuz-

70 *Brand-Pierach*, Ungläubige im Kirchenrecht, S. 79 m.w.N.

71 Vgl. *Brand-Pierach*, Ungläubige im Kirchenrecht, S. 51 m.w.N auf Stellen im *Apparatus*, in denen Innozenz IV. das Konzept des *bellum iustum* anführte. So etwa in derselben Kommentarstelle in *Innozenz IV.*, Apparatus fol. 231 v: „Omnibus esse lictium movere bellum pro defensione sua et rerum suarum […].“ Vgl. ferner die Schlußfolgerung von *Muldoon*, Popes, Lawyers and Infidels, S. 7: „Innocent was

zugablass[72] gewährt werden kann (siehe oben die Worte Innozenz' IV.: „*indulgentias dare*").[73] Um was genau es sich bei Indulgenzen handelte, ließ Innozenz IV. im Unklaren. Der wohl erste Kanonist, der eine Definition lieferte, war sein Schüler Hostiensis. Demzufolge handelt es sich um die umfassende und bedingungslose Vergebung aller Sünden.[74]

III. Erweiterung der Frage: Angriffskriege auch auf andere, von Ungläubigen gehaltene Gebiete?

Nach den einleitenden Worten beginnt – völlig unvermittelt[75] – der eigentliche Ausgangspunkt für den hier auszulegenden Teil dieses Kommentars. Hier stellt Innozenz IV. zuerst die Frage, ob es Christen überdies erlaubt sei, ein anderes als das Heilige, aber ebenfalls von Ungläubigen gehaltenes Land zu erobern:

---

not, however, primarily interested in justifying the crusades; the general theory of the just war did that." Ferner auch *Russell*, The Just War, S. 192 ff., 293 ff.

72 Der Kreuzzugablaß ist der geistliche Lohn der Kreuzfahrer, vgl. *Brand-Pierach*, Ungläubige im Kirchenrecht, S. 51 S. 27 ff. m.w.N. Und: „Indulgence is satisfaction for the temoral punishment required by God in satisfaction for sin" bei *Brundage*, Holy War and Medieval Lawyers, in: Murpy (Hrsg.), The Holy War, S. 99 (119).

73 Zur Zusicherung des Kreuzzugablasses durch das 1. Lateran-Konzil (1123): Grewe (Hrsg.), Fontes historiae iuris gentium, Bd. 1, S. 246.

74 *Hostiensis*, Lectura zu X 5.7.13, Venedig 1581, fol. 39 r: Indulgentia „quae est remissio omnium peccatorum, ut patet supra iudaeis, ad liberendam in textu decisionies [...]." – zitiert nach *Brundage*, Holy War and Medieval Lawyers, in: Murpy (Hrsg.), The Holy War, S. 99 (120), der auch äußert, es handele sich um die erste Definition dieses Rechtsbegriffs.

75 *Brand-Pierach*, Ungläubige im Kirchenrecht, S. 52; so auch in *Muldoon*, Popes, Lawyers and Infidels, S. 6.

„Sed nunquid est licite invadere terram, quam infideles possident, vel quae est sua?“[76]

Diese Frage und ihre darauffolgende Beantwortung durch Innozenz IV. mit der hier auszulegenden Textstelle über die Herrschaftsrechte der Ungläubigen wurde in den folgenden Jahrhunderten vielfach zitiert.[77] Zudem gilt sie bis heute als eine der Grundlagen schlechthin für die Entwicklung des modernen Völkerrechts.[78]

Die sich an die Ausführungen zum Heiligen Land anschließende Äußerung zu den Besitz- und umfassenden Herrschaftsrechten der Ungläubigen untereinander – und sogar über Christen – war von Innozenz III. als Autor der kommentierten Stelle sicher nicht intendiert. Es entsprach schlicht der allgemeinen Meinung, dass Heiden keinerlei legitime Herrschaft innehaben konnten, zumal nicht über Christen.[79]

Schon die Verwendung des Wortes *invadere* (einfallen) – anstelle von *defendere* (verteidigen), wie im Falle des Heiligen Landes – weist auf die Notwendigkeit einer anderen Rechtsgrundlage für einen Angriffskrieg hin. Gleichermaßen weist das Verb *possidere* darauf hin, dass die

76 *Innozenz IV.*, Apparatus, fol. 429 v.

77 *Scattola*, Eine innerkonfessionelle Debatte, in: Fidora/Fried/Lutz-Bachmann/Schorn-Hütte (Hrsg.), Politischer Aristotelismus, S. 139 (140 ff.); *Becker*, Stellung des kanonischen Rechts zu den Andersgläubigen, in: Grenzmann/Haye/Henkel/Kaufmann (Hrsg.), Wechselseitige Wahrnehmung der Religionen, S. 101 passim.

78 Aufgelistet als Grundlage des modernen Völkerrechts bei Grewe (Hrsg.), Fontes historiae iuris gentium, Bd. 1, S. 348.

79 Zu dem Ganzen *Brand-Pierach*, Ungläubige im Kirchenrecht, S. 52: „Die entscheidende Frage, ob es Christen erlaubt sei, in Land einzufallen, das im Besitz von Ungläubigen sei, schließt Innozenz IV. völlig unvermittelt an seine Ausführung zum Heiligen Land an. Dies unterstreicht die Beobachtung, dass die Dekretale an sich Äußerungen zu den Besitz- und Herrschaftsrechten der Ungläubigen nicht nahelegt.“

Ungläubigen hier möglicherweise legitimer- und legalerweise ansässig waren.

Ethisch problematisch ist nämlich, dass bei einem Angriffs- und Eroberungskrieg Schuld und Sünde beim Angegriffenen als legitimer Kriegsgrund ausscheiden. Somit drängen sich die Fragen auf, wie die Begrifflichkeiten der Schuld und der Sünde des Feindes zu verstehen sind, ob die von ihnen beanspruchte Herrschaft, ihr Eigentum bzw. ihre Besitztümer und ihre Rechtsprechungsgewalt rechtmäßig sind und wie die päpstliche Gewalt, als geistliche und weltliche, hierauf antworten kann. An dieser Stelle verlässt Innozenz den klassischen Sinn und Zweck eines Kommentars. Er schuf – gewissermaßen „pro forma" in einem Kommentar – hier eigene Ideen und eine neue Rechtsdogmatik.[80] Diese diente – wie einleitend festgestellt – letztlich der Begründung und Durchsetzung seiner eigenen innen- und außenpolitischen Ziele.[81]

IV. Herrschafts-, Eigentums- und Besitzrechte der Ungläubigen

> „[…] dominia, possessiones, et iurisdictiones licite sine peccato possunt esse apud infideles, haec enim non tantum pro fideli, sed pro omni rationabili creatura facta sunt […]."[82]

Innozenz IV. statuierte in der vorliegend auszulegenden Stelle, dass es Eigentum, Besitz und Herrschaftsverhältnisse erlaubterweise und ohne

80 Vgl. zur grundlegenden Bedeutung des Werkes von Innozenz IV. für die Entwicklung der Völkerrechtslehre nur *Fisch*, Europäische Expansion und das Völkerrecht, S. 187; *Höffner*, Christentum und Menschenwürde, S. 98 f.

81 Zur rechtlichen und politischen Bedeutung des Kommentars siehe *Muldoon*, Popes, Lawyers and Infidels, S. 46 f.

82 *Innozenz IV.*, Apparatus, fol. 430 r.

Sünde auch unter den Ungläubigen bzw. Heiden geben könne, da dies alles nicht nur für die Gläubigen, sondern für jede vernunftbegabte Kreatur gleichermaßen bestimmt sei.[83]

1. Vorverständnis: Legistische Begriffsdefinitionen von *dominium*, *possessio* und *iurisdictio*

Innozenz IV. selbst definierte die Begriffe *dominium*, *possessio* und *iurisdictio* sowie *infideles* nicht. Notwendig ist somit, ein grundsätzliches Begriffsverständnis für die von Innozenz IV. verwendeten Termini zu schaffen. Dies wird zunächst für den sachlichen Anwendungsbereich (*dominium*, *possessio* und *iurisdictio*) erfolgen, hinsichtlich derer ein römisch-rechtlicher Einfluss auf Innozenz IV. und andere Kanonisten des Spätmittelalters und der frühen Neuzeit vorliegt. Sodann wird der Frage nachgegangen, wer die persönlich hiervon erfassten Ungläubige (*infideles*) i.S.d. kanonischen Rechts sind.

Das Wort *dominium* hatte seit der Antike eine gewissermaßen privatrechtliche und eine öffentlich-rechtliche Dimension. Bis in das Hochmittelalter hinein wurde jedoch nicht weiter zwischen den beiden Bedeutungen unterschieden. Auch zu Lebzeiten Innozenz IV. war *dominium* noch ein allgemeiner lateinischer Ausdruck für zahlreiche volkssprachliche Ausdrücke, die letztlich als eine umfassende Ausprägung der Herrschaftsgewalt verstanden wurden.[84] So übte ein Herr (*dominus*) rechtsetzende, vollziehende und rechtsprechende (letztere ist die *iurisdictio*[85]) Gewalt über sein Herrschaftsgebiet aus. Dies schloss freilich

83 So die Übersetzung der hier auszulegenden Stelle bei *Höffner*, Christentum und Menschenwürde, S. 89 mit den Wörtern „Heiden" und „vernünftige Kreatur".

84 *Schulze*, Dominium, öffentlich-rechtlich, in: Cordes (Hrsg.), HRG, Bd. 1, Sp. 1106–1108.

85 Dazu nochmals sogleich.

die dortigen Personen, wie seine Lehnsleute, Familie oder Sklaven, das Gebiet als solches und die darin belegenen Sachen ein.[86]

Eine konzeptionelle Unterteilung des *dominium*-Begriffes kam erst in der zweiten Hälfte des 13. Jahrhundert auf. Fortan wurde der Begriff des *dominium* als öffentlich-rechtlicher terminus technicus für die Landesherrschaft verwendet.[87] Im 14. Jahrhundert findet sich bei dem italienischen Legisten Bartolus de Saxoferrato eine zivilrechtliche Begriffsbestimmung von *dominium* i.S.v. *proprietas* „als die früheste mittelalterliche Eigentumsdefinition, nicht etwa nur als eine Definition von Herrschaft“[88]. Bartolus stellte in seinem Digestenkommentar die Frage „Quid ergo est dominium?“ Darauf antwortete er:

> „Respondeo dominium est ius de re corporali perfecte disponendi nisi lege prohibeatur […] quare dico perfecte disponendi per l. in re mandata […] quo ad differentiam possessionis que est ius insistendi rei […].“[89]

Ein nach Kriechbaum „einziger definitionsähnlicher Hinweis“[90] zu *dominium* im 13. Jahrhundert findet sich bei dem italienischen Legisten Jacobus de Arena. Jacobus nannte diese des *dominium*-Form *ius vindi-*

86 *Ogris*, Dominium, privatrechtlich, in: Cordes, Albrecht (Hrsg.), HRG, Bd. 1, Spalte 1108–1109; *Schulze*, Dominium, öffentlich-rechtlich, in: Cordes (Hrsg.), HRG, Bd. 1, Sp. 1106–1108.

87 *Schulze*, Dominium, öffentlich-rechtlich, in: Cordes (Hrsg.), HRG, Bd. 1, Sp. 1106–1108 m.w.N.

88 *Willoweit*, Dominium und Proprietas, in: ders. (Hrsg.), Staatsbildung und Jurisprudenz, Bd. 1, S. 177 (178).

89 *Bartolus*, Commentaria super Digesto novo, D. 41.2.17.1, fol. 92 v, zitiert nach *Kriechbaum*, Actio, ius und dominium, S. 392.

90 *Kriechbaum*, Actio, ius und dominium, S. 393 m.w.N.

candi. In Abgrenzung dazu bezeichnete er die von Innozenz IV. ebenso verwendete Begrifflichkeit der *possessio* er als *ius insistendi*.[91]

Possessio wird im Deutschen erst seit dem 13. Jahrhundert mit „Besitz" übersetzt. Nach der klassischen römisch-rechtlichen Konzeption war *possessio* jedoch kein Recht, sondern ein körperlich manifestiertes Faktum, was es gerade vom *dominium* bzw. der *proprietas* unterschied. Diese Trennung zwischen Faktizität (*factum*) und Normativität (*ius*) der genannten Begriffe wurde aber mit der Zeit unscharf. Die justinianische Gesetzgebung vermochte dies einstweilen zu korrigieren, indem sie die bloße Faktizität der *possessio* wieder in den Vordergrund stellte.

In der Rezeption des römischen Rechts durch die mittelalterliche Legistik wurde wiederum der rechtliche Aspekt der (berechtigten) tatsächlichen Sachherrschaft betont. Diese Lehre verfestigte sich schließlich unter anderem durch Azo,[92] einem Lehrer Innozenz' IV.[93] Jedenfalls dürfte davon auszugehen sein, dass mit *possessio* bei Innozenz der von einer jeden Rechtsordnung als schützenswert erachtete *berechtigte* Besitz respektive die berechtigten Besitztümer gemeint war(en). Der von Innozenz IV. gewählte Begriff ist im Übrigen nicht identisch mit einem System des (Mit-)Besitzes wie man es in heutigen Rechtsordnungen etwa bei Vermietern und Mietern, Verpächtern und Pächtern oder Verleihern und Entleihern kennt. Das römische Recht kannte nämlich – wegen der Betonung der äußerlich sichtbaren Faktizität – als Besitz

91 *Possessio* wiederum wird von ihm definiert als „[i]nsistendi rei dicitur rei, ad differentiam dominij: quia illud ius est ius vendicandi, vt ff. de rei vendica l. in rem actio (D. 6.1.23) et l. officium (D. 6.1.9)", zitiert nach *Kriechbaum*, Actio, ius und dominium, S. 393 m.w.N.

92 *Azo*, Summa super Codicem, zu C. 7.32., S. 276, zitiert nach *Kriechbaum*, Actio, ius und dominium, S. 393.

93 Zum Ganzen etwa *Olechowski*, Besitz, in: Cordes (Hrsg.), HRG, Bd. 1, Sp. 547–551; *Harke*, Römisches Recht, § 13 Rn. 1 ff., insbesondere 7, 11. Vgl. nur die possessorische *actio spolii*.

grundsätzlich nur die vom Eigenbesitzwillen getragenene tatsächliche Sachherrschaft. Fremd- und Mehrfachbesitz in den vorgenannten Formen (wie im Mietrecht) waren daher eine bloße Innehabung einer Sache (*detentio*) ohne weitere sachenrechtliche Bedeutung bzw. sachenrechtlichen Schutz zu genießen.[94]

Der Begriff der *iurisdictio* bezeichnet, vereinfacht gesagt, die Gerichtsbarkeit.[95] Soweit er im Spätmittelalter nach der Rezeption des römischen Rechts im Anschluss an den einschlägigen Digestentitel (D 2.I.3) verwendet wurde, meinte er aber nicht bloß die Rechtsprechungskompetenz, sondern konnte gleichermaßen die Rechtssetzungskompetenz umfassen. Dies ergibt sich aus der Definition der dazugehörigen Glosse, wonach „iurisdictio est potestas de iure publico introducta, cum necessitate iuris dicendi et aequitas statuendi“[96]. Auch Innozenz IV. lehnte seinen Begriff der *iurisdictio* an das römisch-rechtliche Verständnis an, wie LeBras in seiner bekannten Untersuchung zum Einfluss des römischen Rechts auf das Werk Innozenz' IV. zutreffend darlegte.[97]

Zusammengefasst trennte Innozenz IV. – wie seinerzeit nicht unüblich – dogmatisch nicht sonderlich scharf zwischen *dominium*, *iurisdictio* und *possessio*. Es handelt sich bei dieser Trias um eine Be-

94 Vgl. *Schlinker/Ludyga/Bergmann*, Privatrechtsgeschichte, § 15 Rn. 25, 42 f.; *Harke*, Römisches Recht, § 9 Rn. 2.

95 Vgl. nur *Lück*, Gericht, in: Cordes (Hrsg.), HRG, Bd. 2, Sp. 131–143.

96 *Bartolus*, Opera, I, 48 r, Sp. a. Nr. 2., zitiert nach *Willoweit*, Rechtsgrundlagen der Territorialgewalt, S. 19 ff.; *ders.*, Herrschaftsdenken vor dem Zeitalter der Souveränität, DS 2012, S. 447 (450). Vgl. auch: *Carlyle/Carlyle*, Political Theorie of the Thirteenth Century, Bd. 5, S. 405 ff.

97 Siehe nur *LeBras*, Innocent IV Romaniste, SG 1967, S. 305 (315): „Les élements da la puissance ont pour support les textes romains, qu'il s'agisse de l'autorité, de la richesse ou des prestiges. Innocent IV leur emprunte la notion de *jurisdictio* [...] aves tous ses attribut [...].“ Auf LeBras verweist etwa *Muldoon*, Popes, Lawyers and Infidels, S. 7, 164.

griffswolke bzw. um komplementäre Begriffe. In ähnlicher Weise hält Reid zusammenfassend fest: „The canonistic rights vocabulary, like our own, is a rich one. […] *potestas*, […] *dominium*, *iustitia* […] can all, in the appropriate circumstances, be translated as ‚right'."[98] Verständlich wird diese Einstellung Innozenz' IV. erst, wenn man die *aequitas canonica* als sein Leitmotiv kennt. Die Herstellung einer kanonischen Gerechtigkeit war mithin das Ziel des gesamten kanonischen Rechts, bei dem es nicht um einfache Gesetzesanwendung ging, sondern stets um das Erreichen oder Wahren des Seelenheils für die Christen.[99] Für die hiesigen Zwecke dürften sie am trefflichsten mit dem Terminus „Herrschaftsrechte" zu übersetzen sein.[100] In der englischen Sprache übersetzt Muldoon die Begriffe *dominium*, *iurisdictio* und *possessio* – in ganz ähnlicher Weise wie hier – mit dem Begriffspaar „property and political jurisdiction".[101]

98 *Reid*, Canonistic Contribution, BCLR 1991, S. 37 (64), Herv. i. O.

99 So *Schmoeckel*, Kanonisches Recht, Rn. 672 m.w.N., der allgemeiner vom „Seelenheil der *Menschen*" spricht (Herv. d. Verf.). Insofern gilt aber, dass für Innozenz IV. Un- und Andersgläubige nicht gleichwertig mit Christen waren; diese waren vielmehr zu bekehren, worüber wiederum der Papst als *vicarius Christi* wachte. Vgl. nur *Muldoon*, The Conquest of the Americas, in: Robertson/William (Hrsg.), Religion and Global Order, S. 65 (68).

100 Siehe daher auch die Übersetzungen bei *Höffner*, Christentum und Menschenwürde, S. 98 f. oder *Lewis*, Medieval Political Ideas, Bd. 1, S. 91 f.: „The simple classical dichotomy between property and government was as inapplicable to the medieval situation as was the classical doctrine of indivisible property." Siehe zur Verknüpfung von *dominium* und *iurisdictio* durch Bartolus nur *Lee*, Popular Sovereignty in Early Modern Constitutional Thought, S. 95 f. m.w.N. *Carlyle/Carlyle*, Political Theorie of the Thirteenth Century, Bd. 5, S. 405 f.: „Innocent IV. asserted that lordship, possessions, and jurisdictions are lawful and blameless among the unbelievers […]."

101 *Muldoon*, Solórzano's *De indiarum iure*, JWH (1) 1991, S. 29 (35).

2. Grundsätzliche Bedeutung des *infideles*-Begriffs bei Innozenz IV: Muslime, Mongolen und Juden

a) Nicht nur muslimische Herrschaft: Verwendung von *saraceni* und *infideles*

Vor dem Hintergrund des seit Jahrhunderten dauernden Konflikts zwischen Christentum und Islam könnte man durchaus davon ausgehen, Innozenz IV. habe bei mit der Wortwahl der *infideles* – die grundsätzlich rechtmäßig herrschen, Eigentum halten und Recht sprechen können – besonders die Muslime im Sinne gehabt. Dies wurde in der Literatur der 1970er und 1980er Jahre noch so vertreten.[102] Muldoon notiert zu Innozenz' Frage:

> „What interested him was the problem of whether or not Christians could legitimately seize lands, other than the Holy Land, that the *Moslems* occupied."[103]

Obschon er an späterer Stelle seiner größeren Abhandlung über die Stellung der Ungläubigen nach Innozenz' *Apparatus* – im Übrigen soweit ersichtlich damals der einzigen ausführlichen im englischsprachigen Raum[104] – klar auf die Mongolen und andere Un- und Andersgläubige abstellt, verengt er zunächst in seinen einleitenden Worten den

102 *Fisch*, Europäische Expansion und das Völkerrecht, S. 186: „Man sprach also zwar von Ungläubigen, bezog sich aber faktisch nur auf Muslims." Hierzu kritisch auch *Brand-Pierach*, Ungläubige im Kirchenrecht, S. 45. Allerdings äußert Fisch nur wenige Zeilen zuvor: „Zwar waren sich die Autoren im allgemeinen [sic!] bewußt, daß zwischen den Muslims und andern Ungläubigen ein Unterschied bestand."

103 *Muldoon*, Popes, Lawyers and Infidels, S. 7, Herv. d. Verf.

104 Vgl. den Hinweis bei *Brand-Pierach*, Ungläubige im Kirchenrecht, S. 47.

innozenzianischen Wortlaut (*infideles*) auf Muslime.[105] Er stand damit – Fisch sei hier nur angeführt – in der Literatur keineswegs allein da.[106]

Ungeachtet dessen sprechen der Wortlaut und die Systematik dieses Kommentars bereits dagegen, dass hier die Sarazenen (im Heiligen Land) gemeint waren. So sprach Innozenz an anderer Stelle des Kommentars zu *Quod super his* ausdrücklich von den *saraceni*, als er das Verhältnis zu den Muslimen im Heiligen Land betonte.[107] Innozenz IV. verwendete in der hier behandelten Stelle den Begriff der *infideles* i.S.v. Nichtchristen im Allgemeinen. Es ist davon auszugehen, dass er nicht das konkrete Beispiel der Sarazenen – welche er wohl so bezeichnet hätte – sondern vielmehr die Mongolen vor Augen hatte.[108] Diese Auslegung nach Wortlaut und Systematik deckt sich auch mit den historischen, d.h. mit den realiter existierenden, Umständen während seines Pontifikats. Als das hier analysierte Werk von Innozenz IV. entstand, bemühte er sich bekanntlich um politische, missionarische und ökonomische Kontakte zu Heiden inner- und außerhalb Europas. Allen voran galt diese Politik den Mongolen. Aber auch zu den Muslimen auf der iberischen Halbinsel und den Heiden in Nordosteuropa suchte Innozenz IV. den – nach Möglichkeit, aber nicht unter allen Umständen – friedlichen Kontakt. Schmoeckel hält dazu konzise fest, Innozenz IV.

105 Für die Verengung etwa *Muldoon*, Popes, Lawyers and Infidels, S. 7, für die Ausweitung auf die damals bekannten Un- und Andersgläubigen etwa auf die Preußen, Balten, aber auch auf die Mongolen, a.a.O., S. 29.

106 *Fisch*, Europäische Expansion und das Völkerrecht, S. 183 ff.

107 *Innozenz IV.*, Apparatus, fol. 430 r: „Quod autem papa facit indulgentias illis, qui vadunt ad recuperandam Terram Sanctam, licet eam possideant Sarraceni et etiam indicere bellum et dare indulgentias illis, qui occupant Terram Sanctam, quam infideles illicite possident."

108 So *Brand-Pierach*, Ungläubige im Kirchenrecht, S. 45, 76. Dagegen und mit Bezug auf die Muslime: *Fisch*, Europäische Expansion und das Völkerrecht, S. 183, 185 f.

habe sogar gelehrt, dass „das Eigentum und die Herrschaft [sogar, Anm. d. Verf.] *von Feinden im Krieg* anzuerkennen sei.“[109]

Abschließend kann – ohne hier bereits auf die Frage eingegangen zu sein, ob und unter welchen Voraussetzungen die *infideles* als *rationalis creatura* gelten – somit festgehalten werden, dass auch der Begriff der *infideles* in dieser Textstelle sämtliche Nichtchristen umfasste.

b) Definition des vernunftbegabten Geschöpfes nach Innozenz IV.

aa) Ausgangspunkt: Gotteslob als Lebenssinn aller vernunftbegabten Geschöpfe

Nach Innozenz IV. dürfen auch die Ungläubigen als rational denkende – d.h. vernunftbegabte – Kreaturen Herrschaftsrechte innehaben und ausüben. Hierzu berief sich Innozenz IV. auf das Buch Genesis.[110] Dieser Naturzustand wurde jedoch alsbald aufgelöst, denn die Nachkommen Adams gerieten in Konflikte, was die Herausbildung von Ober- und Unterordnungsverhältnissen, von Herrschaft und Eigentum zeitigte.

Diese Feststellungen nahm Innozenz sodann zum Ausgangspunkt der von ihm den Ungläubigen gewährten Herrschaftsrechte. Die Voraussetzung und zugleich Begrenzung der Herrschaft der Ungläubigen

109 *Schmoeckel*, Kanonisches Recht, Rn. 361 (Herv. d. Verf.), zwar ohne konkreten Bezug auf die hier interpretierte Textstelle, aber mit Verweis insgesamt auf den Kommentar zum *Liber Extra* in Rn. 645. Dass hiermit auch eine andere Stelle gemeint sein kann zeigt indessen der Verweis in Rn. 361 (in Fn. 728 auf *Lesaffer*, Medieval canon law, JHIL 2000, S. 178). Lesaffer wiederum bezieht sich auf Innozenz' Ausführungen zum Rechtsprinzip pacta sunt servanda (S. 184; 190), was schließlich gegen den Bezug auf die hier ausgelegte Stelle spricht.

110 „Ipse enim est creator omnium, idem etiam ipse Deus haec universa subiecit dominio rationalis creaturae, propter quam haec omnia fecerat, ut habemus in 1. c. Genes(is). [...].“ *Innozenz IV.*, Apparatus, fol. 429 v–fol. 430 r.

über Land, Sachen und Personen aber soll ihr Dasein als vernunftbegabte Geschöpfe sein. Eine Definition für diesen Begriff liefert Innozenz IV. nur insoweit, als er die Vernunftbegabung mit der *raison d'être* der Menschen verband: Jedes vernunftbegabte Geschöpf sei geschaffen, um Gott zu loben und zu preisen („[...] omnis creatura rationabilis facta sit ad Deum laudandum [...]")[111]. Damit ist die Frage gestellt, wann eine vernunftbegabte Kreatur, zumal eine nicht an Christus glaubende, gegen diesen Lebenssinn des Gotteslobes in der Ausübung ihrer Herrschaftsrechte verstieß.

bb) Vernunftbegabte Geschöpfe: Ausschluss der Sarazenen, aber noch Hoffnung für Juden, Mongolen, Preußen und Balten?

Die vorgenannte Definition liefert gewissermaßen einen weiteren Grund für den Ausschluss der Muslime unter den Begriff der *rationalis creatura* und somit für den Ausschluss von der rechtmäßigen Herren- und Eigentümerstellung. Denn man könnte argumentieren, dass sich die Muslime im Angesichte der christlichen Bekehrungsversuche gewissermaßen „resistent"[112] zeigten. Diese zahllosen Versuche der christlichen Missionierung aber waren qua göttlichem Naturrecht[113] legitim.

Diese Schlussfolgerung galt ebenso für die Mongolen, die nordosteuropäischen Preußen und Balten, die Juden[114] und die Muslime außerhalb des Heiligen Landes nicht a priori. Teilweise kamen sie, wie die Heiden in Nordosteuropa, erst in jüngerer Zeit in Kontakt mit dem

111 Vgl. *Innozenz IV.*, Apparatus, fol. 431 v; „Alle vernunftbegabten Wesen sind geschaffen, um Gott zu loben."

112 Zu dieser Wortwahl und dem Ganzen: *Brand-Pierach*, Ungläubige im Kirchenrecht, S. 54.

113 Siehe oben C. II.

114 Zur Stellung der Juden im 13. Jahrhundert und speziell auch zu Innozenz IV. vgl. *Lohrmann*, Die Päpste und die Juden, S. 136–144.

nach dem göttlichen Naturrecht einzig heilsbringenden Christentum. Insofern musste der Begriff der *infideles* nach dem innozenzianischen Begriffsverständnis gerade die Personen umfassen, die zwar ungetauft waren, aber in Kürze die Taufe empfangen würden[115] oder für die zumindest die realistische Möglichkeit der Missionierung noch bestand. Speziell für die Mongolen galt diese Hoffnung noch zur Entstehungszeit des *Apparatus*, denn Innozenz IV. sollte die Erfolglosigkeit seiner Missionierungsversuche bei den Mongolen durch die teilweise erst nach seinem Tode 1254 zurückkehrenden entsandten Mönche nicht mehr erleben.[116]

3. Das *ius naturale* nach Innozenz IV. als Legitimation und Grenze für die Herrschaft der Ungläubigen

a) Begründung und Begrenzung durch *ius naturale* bzw. *ius gentium*

Nach Innozenz IV. ist die Rechtsgrundlage für die Herrschaftsgewalt der Gläubigen und der Ungläubigen über Land, Sachen und Personen (i.S.v. *dominium*, *possessio* und *iurisdictio*) im Naturrecht zu finden. Er begründete die Entwicklung und legitimierte die Existenz von Herrschaftsverhältnissen zwischen den Menschen unter Zuhilfenahme einer „interesting amalgam of citations drawn from the Bible and from Roman law“[117]. An dieser Stelle ist bereits zu berücksichtigen, dass ins-

115 Zu dieser Bedeutung des Begriffs der *infideles* siehe *Georges*, Lateinisch-Deutsches Handwörterbuch, Bd. 2, S. 239; *Sleumer*, Kirchenlateinisches Wörterbuch, S. 423.

116 Nochmals zu den Missionsversuchen bei den Mongolen durch Innozenz IV. z.B. *Lupprian*, Beziehungen der Päpste zu den islamischen und mongolischen Herrschern im 13. Jahrhundert, passim und S. 38 ff.

117 *Muldoon*, Popes, Lawyers and Infidels, S. 8.

besondere die kanonistische und römischrechtliche Begründung von Eigentum – als hier privatrechtliches *dominium* – divergierten.

Unklarheit besteht überdies über die Definition der Rechtsbegriffe *ius naturale* und *ius gentium* bei Innozenz IV. Diese beiden Termini wurden zu jener Zeit gemeinhin unpräzise, jedenfalls unter den Autoren nicht einheitlich verwendet.[118] Ebenfalls gab Innozenz IV. keine konzise Definition des von ihm verwendeten Naturrechts- und Völkerrechtsbegriffs.[119]

Allerdings wäre es verfrüht deshalb, wie noch von der älteren Literatur (Muldoon) vertreten,[120] von einer gänzlich fehlenden dogmatischen Konturierung des Naturrechtsbegriffs bei Innozenz IV. zu sprechen:[121] Erstens hat Tierney in seiner Arbeit *Idea of Natural Rights* in den 1990er Jahren nachgewiesen, welches Naturrechtsverständnis Innozenz IV. in seinem *Apparatus* zugrunde legte. Zweitens lieferte auch er selbst einen ersten Hinweis auf seinen Naturrechtsbegriff anhand eines impliziten Zitats – d.h. ohne ausdrücklichen Verweis[122] – aus dem *Decretum Gratiani*, wenn er schreibt:

> „Et ideo licebat cuilibet occupare, quod occupatum non erat, sed ab aliis occupatum occupare non licebat, quia fiebat contra legem naturae, qua cuilibet inditum est, ut alii non faciat, quod sibi non vult fieri."[123]

Die hiermit gemeinte Stelle des *Decretum Gratiani* lautet hierzu:

118 Vgl. *Muldoon*, Solórzano's *De indiarum iure*, JWH (1) 1991, S. 29 (35).

119 Vgl. *Muldoon*, Popes, Lawyers and Infidels, S. 47 f.

120 *Muldoon*, Solórzano's *De indiarum iure*, JWH (1) 1991, S. 29 (35).

121 *Brand-Pierach*, Ungläubige im Kirchenrecht, S. 56.

122 *Brand-Pierach*, Ungläubige im Kirchenrecht, S. 55.

123 *Innozenz IV.*, Apparatus, fol. 429 v–fol. 430 r, Herv. d. Verf.

„Ius naturae est, quod in lege et evangelio continetur, quo quisque ibetur alii facere, quod sibi vult fieri, et prohibetur alii inferre, quod sibi non vult fieri.“[124]

Das im Evangelium kodifizierte göttlichen Recht enthält danach einen „kategorischer Imperativ“, der es verbiete, einem anderen etwas zuzufügen, das man nicht selbst erleiden wolle. Diesem Naturrechtsbegriff war für Innozenz folglich auch ein (bloßer) Vernunftaspekt immanent.[125] Diese Punkte waren auch zentral für die Legitimation von Herrschaftsrechten der Ungläubigen nach Innozenz IV., wie im Folgenden noch erläutert wird.

aa) Exkurs: Herrschaft und Eigentum im römischen Recht

Da auch der rechtstechnische Vorgang des Erwerbs von Eigentum und die römisch-rechtlichen bzw. rechtsphilosophischen Grundlagen eine große Rolle bei dem in beiden Rechten gebildeten Innozenz IV. spielten, ist hier zunächst eine nähere Beleuchtung der römischen Eigentumskonzeption erforderlich.

aaa) Erwerbsarten von Eigentum

Im römischen Recht konnte Privateigentum zunächst einmal durch die körperliche Inbesitznahme einer herrenlosen Sache erworben werden. Dies war beim sog. originären Eigentumserwerb also durch die Aneignung (*occupatio*) einer Sache – z.B. durch Jagd oder Fund – möglich.[126]

124 Dictum Gratiani ante D.1 c.1; zitiert bei *Tierney*, Idea of Natural Rights, S. 142.

125 Und überdies waren hiernach Naturrecht und göttliches Recht („et in evangelio continetur“) ein und dasselbe, vgl. *Brand-Pierach*, Ungläubige im Kirchenrecht, S. 57.

126 *Schlinker/Ludyga/Bergmann*, Privatrechtsgeschichte, § 15 Rn. 27; *Harke*, Römisches Recht, § 14 Rn. 5 ff.

Aufgrund einer Vereinbarung mit dem Voreigentümer konnte Eigentum ebenso übertragen werden, was freilich im römischen Rechtsverkehr als Spiegel einer zivilisierten Gesellschaft den Regelfall darstellte. Bei dem sog. derivativen Eigentumserwerb gab es mehrere Möglichkeiten des Erwerbs. Für gewöhnlich geschah dies mit der *traditio ex iusta causa* (siehe aber auch die Ausnahmen hierzu bei der *brevi manu traditio* und bei dem *constitutum possessorum*).[127] Damit wurde in der Regel eine *iusta causa* Erwerbsgrund benötigt, die aus nichts anderem als aus zwei übereinstimmenden und freiwillig abgegebenen Willenserklärungen der Parteien bestand sowie – wenngleich auch nur im Regelfall – die diese vollziehende *traditio*, d.h. die Besitzübertragung durch Übergabe der Sache.[128]

Bei einer gemeinen Sache, die niemandem gehörte (*res nullius*) und um die es in den Ausführungen von Innozenz IV. zum vorchristlichen Urzustand ging, wurde Eigentum derweil allein durch einen bloßen Realakt, begründet. Dies geschah durch die oben genannte Aneignung (*occupatio*), bei der es keine schuldrechtlich erklärte Zustimmung einer anderen Partei bedurfte.[129]

Jedenfalls für die Zeit nach der Beendigung des Naturzustandes war demzufolge stets ein „gesetzlicher“ oder „vertraglicher“ Rechtsgrund nötig, um Eigentum von einem anderen rechtlich legal und ethisch legitim zu erlangen. Im Falle des Heiligen Landes war dies nach Innozenz IV. für die Christen, den Papst und damit den Kaiser, aufgrund des göttlichen Naturrechts legitim und des weltlichen Vertragsrechts legal.[130] Der Erwerb eines einem anderen Ungläubigen zustehenden Eigentums

127 Zum Ganzen *Schlinker/Ludyga/Bergmann*, Privatrechtsgeschichte, § 15 Rn. 27 ff.

128 Siehe nur *Harke*, Römisches Recht, § 14 Rn. 17 ff. m.w.N.

129 Vgl. *Harke*, Römisches Recht, § 14 Rn. 1 ff., 5 ff. m.w.N.; *Tierney*, The Idea of Natural Rights, S. 135.

130 Siehe oben, C. II.

– ggf. gegen dessen Willen – war folglich ohne einen Rechtsgrund für Innozenz IV. nicht legal oder legitim. Rechtsgründe hierfür begründete er mit seinen weiteren Ausführungen in dieser Textstelle.

bbb) *Ius naturale* oder *ius gentium*: Offengelassene Begründung von Herrschaft und Eigentum nach dem römischen Recht

Zunächst war für Innozenz IV. die Frage der dogmatischen Herkunft des Eigentums zu klären, mithin ob Eigentum dem Völkerrecht oder dem Naturrecht entspringt. Im römischen Recht war dies im Prinzip unproblematisch. Freilich wurde hierzu von den wichtigsten Juristen – etwa Ulpian oder Gaius – und von dem Philosophen Seneca einige theoretische Arbeit geleistet. Eine endgültige rechtsphilosophische Begründung für Eigentumsrechte konnte für die römischen Juristen im Ergebnis gleichwohl offenbleiben, da das römische Recht sich nicht in Dogmatik versteig, sondern praxisorientierte zivilrechtliche Lösungen für praktisch auftretende Rechtsprobleme suchte.[131]

bb) Exkurs: Herrschaft und Privateigentum im kanonischen Recht nach dem *ius naturale?*

Wie Tierney darlegt, kann im Kontext des kanonischen Rechts eine nur völkerrechtliche – und damit rein weltliche – Begründung von Privateigentum nicht überzeugen. Dies gilt eingedenk der revolutionären Behandlung der legitimen Herrschaft von Ungläubigen durch Innozenz

131 *Tierney*, The Idea of Natural Rights, S. 137: „The Roman jurists were aware of the distinction, but they applied it inconsistently; they did not offer a single coherent theory of property, but rather provided a sort of quarry from which later writers could hew out a veriety of theories. Some of their texts suggested that private property existed by nature, others that is was instituted by convention. The lawyers were practical men; they do not seem to have been much perturbed by the theoretical dissonance in their sources; there was no extensive debate on the matter of which we have any record."

IV. im christlichen Mittelalter umso mehr. Das damalige Kirchenrecht musste auf naturrechtliche, d.h. auf göttliche Eigentumskonzepte zurückgreifen.

In diesem Zusammenhang erfolgte eine Begründung von Sachherrschaft und Privateigentum im gesamten ersten Jahrtausend der Kirchengeschichte keineswegs einheitlich.[132] Auch das *Decretum Gratiani* vermochte es nicht, seinem Anspruch gerecht zu werden, die Widersprüche zwischen den über Jahrhunderte entstandenen kirchlichen bzw. päpstlichen Rechtsquellen in seiner Kompilation zu beseitigen. Daran änderte auch der eigentliche vom Autor für das *Decretum Gratiani* gewählte Titel als *Concordia Discordantium Canonum* nicht. In concreto wurde die Legitimationsfrage von Privateigentum nicht eindeutig geklärt geklärt. So lässt sich im *Decretum Gratiani* weder eine allgemeine naturrechtliche Begründung für den Erwerb und für das Halten von Privateigentum finden, noch lässt sich zweifelsfrei sagen, dass Privateigentum überhaupt existieren darf.[133]

b) Ursprung von Herrschaftsrechten im *ius naturale* bei Innozenz IV.

Die naturrechtliche Begründung von Innozenz forderte es geradezu, dass er die erste Entstehung von Herrschaftsverhältnissen schon in vorchristlicher Zeit ansiedelte.[134] Um den Ursprung aller menschlichen

132 Einen Überblick über das Problem der Naturrechtsdefinition gibt *d'Entrèves*, Natural Law, passim.

133 Dist. 8 ante c. 1: „Nam iure naturali sunt communia omnibus […] Iure vero consuetudinis vel constitutionis hoc meum est, illud alterius." Dist. 8 post c. 1: „Quaecunque enim vel moribus recepta sunt, vel scriptis comprehensa, si naturali fuerint adversa, vana et irrita habenda sunt". Zitate bei *Tierney*, The Idea of Natural Rights, S. 138; dazu ferner *Brand-Pierach*, Ungläubige im Kirchenrecht, S. 57 m.w.N.

134 *Brand-Pierach*, Ungläubige im Kirchenrecht, S. 55.

Herrschaftsrechte zu legitimieren, rekurrierte Innozenz IV. auf die Schöpfungsgeschichte: Der Herrgott als Inhaber der Gewalt über seine gesamte Schöpfung schuf den Menschen – und zwar gleichermaßen den Ungläubigen – als sein Abbild. A priori ist damit jeder Mensch eine *rationalis creatura* und darf über *dominium*, *possessio* und *iurisdictio* verfügen, wenn und solange er diese ohne Sünde innehat bzw. ausübt.

aa) Auflösung des Urzustands des Gemeineigentums in vorchristlicher Zeit nach Innozenz IV.

Auch für die Darstellung des Urzustandes zwischen den Menschen, welche Innozenz IV. an die Frage nach der Rechtmäßigkeit des Einfallens in die Länder der Ungläubigen anschloss, griff er zunächst auf die Bibel zurück, wonach die Erde und was darinnen ist, der Erdkreis und die darauf wohnen des Herrn sind (Ps 24:1). Innozenz IV. fuhr fort:

> „Et nos ad hoc respondemus, quod in veritate Domini est terra, et plenitudo eius orbis terrarum et universi qui habitant in eo. Ipse enim est creator omnium, idem etiam ipse Deus haec universa subiecit dominio rationalis creaturae, propter quam haec omnia fecerat, ut habemus in 1. c. Genes(is). Et haec a principio seculi fuit communis, quousque usibus priorum parentum introductum est, quod aliqui aliqua et alii alia sibi appropriant nec fuit hoc malum, imo bonum, quia naturale est res communes negligi, et etiam communio discordiam parit."[135]

Aufgrund der zwischen den Menschen auftretenden Konflikte kam es, wie oben ausgeführt, zur Aufteilung des Gemeineigentums und ein je-

135 *Innozenz IV.*, Apparatus, fol. 429 v–fol. 430 r.

der nahm sich Land für sich und die Seinigen, wie es bei Abraham und Lot durch Übereinkommen der Fall war.

bb) Grenzen des naturrechtlichen Eigentums- und Herrschaftsanspruchs

Nach Innozenz IV. ist *dominium* eines natur- bzw. vernunftrechtlichen und damit göttlichen Ursprungs. Es war daher rechtmäßig, sich Land, das bisher allen gehörte (*res nullius*) zu nehmen und Alleineigentum, -besitz und -herrschaft zu begründen. Das *Decretum Gratiani* beinhaltete hierfür nur einen moralischen Imperativ. Dem fügte Innozenz IV. aber das römischrechtliche Prinzip des individuellen Eigentumserwerbs am bisherigen Gemeineigentum hinzu. Damit legitimierte er denjenigen, der als erster Gemeineigentum okkupierte und schützte ihn vor (natur-)rechtswidrigem Entzug seines Eigentums durch einen anderen.[136] Auf diesem Wege sollten fundamentale Konflikte zwischen den Menschen verhindert werden, da jeder wisse, was ihm gehört.[137]

> „Et ideo licebat cuilibet occupare, quod occupatum non erat, sed ab aliis occupatum occupare non licebat, quia fiebat contra legem naturae, qua cuilibet inditum est, ut alii non faciat, quod sibi non vult fieri. Habuerunt etiam specialia dominia per divisiones primi parentes, sicut apparet in Abraham et Loth, quorum

136 Vgl. bei *Tierney*, The Idea of Natural Rights, S. 144: „Innocent added an explanation, lacking in Roman law, of why first occupancy created an obligation in others to respect the right of the first possessor. It was was because of the natural law that Gratian had set out in the first words of the *Decretum* – the scriptural rule that we should not do to others what we do not want done to ourselves.“ (Herv. i. O.).

137 *Innozenz IV.*, Apparatus, fol. 430 r: „[…] quorum unus accepit ad unam partem et alius ad aliam“.

> unus accepit ad unam partem et alius ad aliam; Gen. 13.[138] Super homines autem quasi super servos nullus habuit dominium, nisi de iure gentium vel civili: Natura enim omnes homines liberi sunt […].“[139]

Mit dieser Stelle („de iure […] civili“) schließt Innozenz IV. zudem an den CICiv an, wonach alle Sachen nach dem *ius naturale* ursprünglich im Gemeineigentum standen und erst später Privateigentum entstanden sei.[140] Für Innozenz IV. ist das *ius gentium* aber identisch mit dem *ius naturale*,[141] was seinerseits in einer der römisch-rechtlichen Traditionslinien (und zwar der nach Gaius) stand. Auch rechtsgeschäftliche Eigentumstransfers bzw. die Anerkennung fremder Herrschaft (vgl. nochmals Abraham und Loth) ließen ihn die Herausbildung des Privateigentums, von Eigentum überhaupt und von sonstigen Herrschaftsverhältnissen als eine im Kern naturrechtliche, eine von Gott gewollte und nicht vom Menschen eo ipso initiierte Entwicklung erscheinen.[142]

---

138 Gen. 13,1–18.

139 *Innozenz IV.*, Apparatus, fol. 430 r.

140 *Muldoon*, Popes, Lawyers and Infidels, S. 164.

141 Auch an anderer Stelle in seinem Kommentar, zu X. 1.2.7. (*Innozenz IV.*, Apparatus, fol. 1), schrieb er: „Super rebus etiam laicorum hoc statuere non possent cum tale statutum esset in lesionem iuris alterius et et eius iuris quod ad aliquem spectat uel acquiritur de iure naturali, ut sunt dominia […]. Et non datur a iure civile vel ab imperatore ut actiones […].“ Hierzu aus der Literatur *Pennington*, Prince and Law, S. 149.

142 Vgl. zu seinem Naturrechts- und Völkerrechtsverständnis *Innozenz IV.*, Apparatus, fol. 3 v. Dort kommentierte er die Dekretale *Iure gentium* (X 1.2.7): „De iure autem naturali dixi dominia ad aliquem pertinere, id est, de iure gentium, quod dicitur naturale, quia ratione inductum est […].“ Aus der aktuellen Literatur *Brand-Pierach*, Ungläubige im Kirchenrecht, S. 59; *Tierney*, The Idea of Natural Rights, S. 143: „Innocent was following the Roman law tradition of Gaius that identified ius naturale with ius gentium.“ Vgl. zu diesem Text auch *Pennington*, Prince and Law, S. 149–151 und 222 f.

Für Innozenz IV. konnte bei alldem das menschengemachte Recht nur der prozessualen Rechtsdurchsetzung dienlich sein.[143] Dabei dürfe der materielle Wesenskern des natürlichen Eigentumsrechts durch das menschengemachte Prozessrecht nicht ausgehöhlt werden. Somit durfte ihm zufolge beispielsweise ein Landesherr seine Bürger nicht ohne Grund enteignen.[144]

4. Zwischenergebnis: Weitere Argumente nötig für die Rechtfertigung einer „theory of papal-infidel relations“

Mit dem bislang nachgezeichneten Gedankengang billigte Innozenz IV. also den Ungläubigen staatliche Herrschaft und persönliche Besitztümer zu. Einerseits stellte dies bereits einen Fortschritt gegenüber den bisherigen kanonistischen Auseinandersetzungen mit der Stellung der Ungläubigen dar, die keine positiven Aspekte der heidnischen Herrschaft gekannt hatte. Andererseits zeigt es auch, dass eine Intervention des Papstes und der Christen gegen herrschende Ungläubige nur auf Grundlage des *bellum iustum*-Konzepts möglich gewesen sein sollte.

143 Dazu *Tierney*, The Idea of Natural Rights, S. 143: „He wrote that property (dominium) was a right according to the natural law of reason; civil law provided only the forms of action through which property claims were pursued in court.“

144 Nochmals zum Verständnis von Naturrecht als Vernunftrecht bei *Innozenz IV.*, Apparatus, fol. 4 v (zu X. 1.2.7.): „Super rebus etiam laicorum hoc statuere non possent, com tale statutum esset in laesionem iuris alterius et eius iuris quod ad aliquem spectat, vel acquiritur de iure naturali ut sunt dominia, obligationes et huiusmundi. Et non datur a iure civile vel ab imperatore ut actiones […]. Et dico non valere legem vel rescriptum in praeiudicum naturalis iuris nisi iusta causa interveniat […]. Sed et tunc, ut quidam dicunt, licet sustineatur quod auferat actionem, tamen quin reddat iustitiam auferre non potest, cum esset contra ius naturale […]. De iure autem naturali dixi dominia ad aliquem pertinere id est de iure gentium, quod dicitur naturale quia ratione indictum est […].“ Dazu auch weiterführend *Tierney*, The Idea of Natural Rights, S. 143 f.; *Pennington*, Prince and Law, S. 149 ff., 222 f.

Ebendies machte das Innozenz IV. nicht zur Conclusio, sondern zur Condicio seiner Ausführungen über die Rechte der Ungläubigen in diesem Kommentar. Eine „theory of papal-infidel relations“[145] bedurfte daher weiterer Ausführungen zur Stellung des Papstes gegenüber Christen und Nichtchristen, was im folgenden Abschnitt dargelegt wird.

V. Stellung des Papstes gegenüber herrschenden Ungläubigen

1. Herkunft der menschlichen Jurisdiktionsgewalt über andere

Bevor sich Innozenz IV. der Stellung des Papstes widmete, begründete er abstrakt die legitime Ausübung von Gerichtsgewalt durch die Menschen untereinander:

> „Iurisdictionem enim iustam et rectam lego, ubi dicitur datus gladius ad vindictam […]. Sed quomodo coeperit nescio, nisi forte quod Deus dedit aliquem vel aliquos, qui facerent iustitiam super delinquentes; vel iure naturae paterfamilias super familiam suam habebat iurisdictionem omnem a principio, sed hoc die non habet nisi in paucis et modicis […]. Hoc autem certum est, quod ipse Deus per se a principio exercuit iurisdictionem […].“[146]

Der Ursprung gerechter und rechtmäßiger Jurisdiktionsgewalt (*iurisdictionem enim iustam et rectam*[147]) lag für ihn im Naturrecht bzw. bei

145 *Muldoon*, Popes, Lawyers and Infidels, S. 9.

146 *Innozenz IV.*, Apparatus, fol. 430 r.

147 *Innozenz IV.*, Apparatus, fol. 430 r.

Gott. Der Allmächtige war es, der (manchen) Menschen die Macht gab, über andere zu urteilen, die Verbrechen begangen haben. Zudem entsprach es für Innozenz IV. dem Naturrecht, dass ein Familienvater ursprüngliche Gerichtsgewalt über seine Familie hatte, die er – hierauf wird im Folgenden noch hinsichtlich der de iure und nicht de facto gegebenen Rechtsprechung des Papstes zurückzukommen sein – allerdings in manchen Fällen nicht mehr ausüben kann. Der Herrgott indessen übe stets die Gerichtsbarkeit über alle Menschen aus.[148]

Es handelte sich also für Innozenz IV. um eine von Gott gewollte Entwicklung, wenn der Papst in einer Legitimationskette stehend, die bei Gott begann und die über ein Vikariat vermittelt wurde: über die *patres familiarum* innerhalb der Familie sowie über Gottes Sohn, Jesus Christus, zu Petrus und seinen Nachfolgern auf dem römischen Bischofsstuhl. Mithin dürfe der Papst für sich die höchste Rechtsprechungsgewalt in säkularen und profanen Fragen beanspruchen.[149]

2. Stellung des Papstes als *vicarius Christi*: der *iudex ordinarius* auch für die Ungläubigen

> „Et propter hoc dicimus, non licet papae vel fidelibus auferre sua, sive dominia, sive iurisdictiones, infidelibus, quia sine peccato ea possident; sed bene tamen credimus, quod papa, qui est vicarius Iesu Christi, potestatem habet non tantum super Christianos, sed etiam super omnes infideles, cum enim Christus habuerit super omnes potestatem, unde in psalmo: Deus iudicium regi

148 Eine ähnliche Übersetzung bei Grewe (Hrsg.), Fontes historiae iuris gentium, Bd. 1, S. 348.

149 Vgl. auch *Brand-Pierach*, Ungläubige im Kirchenrecht, S. 60 f.

da; non videtur diligens paterfamilias nisi vicario suo, quem in terra dimittebat, plenam potestatem super omnes dimisisset."[150]

Aus dem sich der hier auszulegenden Textstelle anschließenden Absatz geht zunächst der Grundsatz hervor, dass weder der Papst noch andere Christen den Ungläubigen ihre legitim erworbenen und sündenfrei ausgeübten Herrschaftsrechte entziehen dürften („non licet papae vel fidelibus auferre [...]"). Gleichwohl schränkte Innozenz IV. dies umgehend ein. Denn seine Fürsorgepflicht als Papst stehe über den Souveränitätsrechten der Ungläubigen.[151] Er sah den Papst als universell herrschenden *vicarius Christi*. Und der Vertreter Christi auf Erden habe die göttliche Vollmacht über den gesamten Erdkreis, sowohl über die Christenheit wie auch über die Ungläubigen in aller Herren Länder inne. Wie Christus vom Gottvater die *plenitudo potestatis* erhalten hatte, so wurde sie von Jesus an Petrus weitergegeben. Der Sohn Gottes wäre schlicht „kein guter ‚Hausvater' gewesen, wenn er seinem Stellvertreter seine ganze Macht über alle Wesen der Erde nicht übertragen hätte".[152] Ein jeder Papst, der auf der Kathedra Petri Platz nimmt, habe mithin mehr als nur *potestas* über die Christenheit, er verfügt nach Innozenz IV. über die *plenitudo potestatis* über die gesamte Menschheit. Die bereits lange von den Päpsten vertretene *potestas* über die *christianitas* wurde somit von Innozenz IV. auf die gesamte Menschheit unter Einschluss der Ungläubigen – auf die gesamte *humanitas* – erweitert.[153]

150 *Innozenz IV.*, Apparatus, fol. 430 r.

151 Vgl. dazu *Brand-Pierach*, Ungläubige im Kirchenrecht, S. 80 ff.

152 *Scattola*, Eine innerkonfessionelle Debatte, in: Fidora/Fried/Lutz-Bachmann/Schorn-Hütte (Hrsg.), Politischer Aristotelismus, S. 139 (147).

153 Vgl. *Brand-Pierach*, Ungläubige im Kirchenrecht, S. 49 f. m.w.N.

„Item ipse Petro et successoribus eius dedit claves regni coelorum et ei dixit: Quodcunque liga(veris) etc. Item alibi: Pasce oves meas etc. [...] Omnes autem tam fideles quam infideles oves sunt Christi per creationem, licet non sint de ovili ecclesiae.“[154]

Dieser Absatz des Kommentars zu *Quod super his* beginnt mit der Feststellung, dass alle Schafe der Herde Gottes seien („omnes autem [...] oves sunt Christi“). Schon deshalb habe der Papst als Vertreter Gottes auf Erden und – ungeachtet ihres jeweiligen Glaubensbekenntnisses – für sie die Verantwortung für ihr Seelenheil. Um dieses zu erreichen, richte der Papst sie nach dem jeweils für sie geltenden Recht.

Die Rechtsgrundlagen, auf denen die Urteile des Papstes beruhten, seien für die Christen das gesamte Evangelium[155] und für die Juden der Talmud.[156] Die Ungläubigen indes richte er nach dem *ius naturale* bzw. dem *ius gentium*. Das Völkerrecht war für Innozenz IV. auch Naturrecht, denn es ließe sich nach ihm ebenso wie das Evangelium auf Gott zurückverfolgen. Auch das *ius gentium* ist „die Offenbarung der Ver-

154 *Innozenz IV.*, Apparatus, fol. 430 r.

155 *Innozenz IV.*, Apparatus, fol. 430 r: „De Christianis autem non est dubium, quod eos iudicare potest papa, si contra legem evangelicam facerent; et licet papa aliquando omittat poenas iustas et debitas omnibus praedictis inferendas, vel quia facultatem non habet, vel propter pericula vel scandala, quae inde obveniunt vel evenire timerentur, potestas tamen faciendi est apud eum.“

156 Für die Juden: *Innozenz IV.*, Apparatus, fol. 430 r: „Item Iudaeos potest iudicare papa, si contra legem faciunt in moralibus, si eorum praelati eos non puniant; et eodem modo, si haereses circa suam legem inveniant. Et hac ratione motus papa Greg(orius) et Inn(ocentius) mandaverunt comburi libros, in quo multae continebantur haereses, et mandaverunt puniri illos, qui praedictas haereses sequerentur vel docerent.“

nunft Gottes“[157] im Sinne Innozenz’ IV. Wenn also ein Heide dagegen verstößt, versündige er sich an der göttlichen Ordnung.[158]

3. Einschränkung: Höchste Jurisdiktionsgewalt des Papstes im Grunde nur de iure, nicht de facto

> „Et sic per praedicta apparet, quod papa super omnes habet iurisdictionem et potestatem de iure, licet non de facto; unde per hanc potestatem, quam habet papa, credo, quod, si gentilis, qui non habet legem nisi naturae, si contra legem na turae facit, potest licite puniri per papam; ar(gumentum) Genes(is) 19, ubi habes, quod Sodomitae, qui contra legem naturae peccabant, puniti sunt a Deo; cum autem Dei iudicia sint nobis exemplaria, non video, quare papa, qui est vicarius Christi, hoc non possit, et etiam (debeat), dummodo facultas adsit; et idem dico, si colant idola. Naturale enim est unum et solum Deum creatorem colere et non creaturas.“[159]

Obschon Innozenz IV. seine päpstliche Allmacht religiös begründete, verkannte er nicht die politischen und rechtlichen Realitäten seiner Zeit. Deshalb folgerte er, dass die päpstliche Rechtsprechung und Herrschaftsgewalt über Christentum und Ungläubige („quod papa super omnes habet“) nur de iure, nicht aber de facto gegeben sei.

Von eminenter Wichtigkeit ist in diesem Zusammenhang das Verhältnis zwischen weltlicher und kirchlicher Gewalt, zwischen *imperium* und *sacerdotium*. In dieser theologisch-politischen Diskussion, die ab

157 *Scattola*, Eine innerkonfessionelle Debatte, in: Fidora/Fried/Lutz-Bachmann/Schorn-Hütte (Hrsg.), Politischer Aristotelismus, S. 139 (147 f.).

158 Zu den möglichen Verstößen gegen das Naturrecht, s.u.

159 *Innozenz IV.*, Apparatus, fol. 430 r.

dem 13. Jahrhundert bereits geführt wurde, war für die Kanonisten freilich Gott die Quelle aller Herrschaft schlechthin. Die offene Frage war nur, ob man hinsichtlich der direkten oder indirekten Ausübung der kirchlichen Macht einer dualistischen oder einer hierokratischen Konzeption folgte. Während die Dualisten die Existenz der säkularen Macht durch den Willen der Völker betonten, war die Position der Hierokraten, dass es eine andere als die von Gott gegebene Macht auf Erden a priori nicht geben könne. Konsequenterweise war der Papst für die Vertreter der Hierokratie die unanfechtbare oberste Autorität in der Welt und dürfe sich direkt in alle weltlichen Belange einmischen. Die Frage der direkten oder nur indirekten Herrschafts- und Rechtsprechungsmacht des Papstes stellte mithin den entscheidenden Unterschied zwischen den beiden Konzepten dar. An dieser Stelle setzte Innozenz IV. die Lehre seiner Vorgänger – insbesondere des Innozenz III.[160] – fort.[161]

Im Ergebnis kann man Innozenz IV. – mit Muldoon – wohl als Dualisten bezeichnen.[162] So habe der Papst, wie oben dargelegt, nur eine de iure-Machtposition inne, die er de facto (zurzeit) nicht ausüben

160 Siehe die Dekretalen *Venerabilem*, *Per venerabilem* und *Novit* im *Liber Extra*. Und hierzu *Watt*, Theory of Papal Monarchy, S. 34–58; *Scattola*, Eine innerkonfessionelle Debatte, in: Fidora/Fried/Lutz-Bachmann/Schorn-Hütte (Hrsg.), Politischer Aristotelismus, S. 139 (144). Laut Innozenz III. empfing der Kaiser die Krone vom Papst, wiewohl er von den Kurfürsten gewählt wurde. Die Befugnis der Fürsten zur Kaiserwahl nämlich erhielten diese durch die *translatio imperii* vom Papst.

161 Umfassend zu diesen beiden Päpsten *Tierney*, Continuity of Papal Political Theory in the Thirteenth Century, MS 1965, S. 227 (238 f.) und passim.

162 Zur Auseinandersetzung über diese Stelle und das gesamte Werk Innozenz IV. hinsichtlich der Frage, ob er Hierokrat oder Dualist war siehe bei *Brand-Pierach*, Ungläubige im Kirchenrecht, S. 104 den Verweis auf *Cantini*, De autonomia iudicis saecularis, Salesianum 1961, passim; vgl. ebenso *Tierney*, Continuity of Papal Political Theory in the Thirteenth Century, MS 1965, S. 227 (229, 235).

konnte.[163] Diese galt überdies nicht nur in Bezug auf die ungläubigen Herrscher. Innozenz' außenpolitische und völkerrechtliche Einstellung reflektiert auch seine innerchristliche bzw. innereuropäische Politik. Denn Innozenz schrieb an anderer Stelle ebenso, dass der Papst nur eine de iure-Jurisdiktion und Herrschaftsgewalt über die europäisch-christlichen Fürsten habe, nicht aber de facto.[164]

Innozenz IV. als Papst und als Dekretalist differenzierte mit großer Feinheit[165] zwischen der weltlichen und der göttlichen rechtlichen Sphäre, wie Cantini ausführlich nachweist.[166] Zweifellos ordnete Innozenz IV. die geistliche Universalgewalt der säkularen über. Jedoch

---

163 *Muldoon*, Popes, Lawyers and Infidels, S. 9 f.; *Tierney*, Continuity of Papal Political Theory in the Thirteenth Century, MS 1965, S. 227 (238 f.).

164 *Tierney*, Continuity of Papal Political Theory in the Thirteenth Century, MS 1965, S. 227 (239). Ebenso bei *Brand-Pierach*, Ungläubige im Kirchenrecht, S. 89 m.w.N. auf die Kommentarstelle zur Dekretale *Licet* (X 2.2.10) im *Apparatus*. *Innozenz IV.*, Apparatus, fol. 197 v: „[…] specialis coniunctio est inter papam et imperatorem, quia papa eum consecrat et examinat, et est imperator eius advocatus, et iurat ei et ab eo imperium tenet. […]". *Brand-Pierach*, Ungläubige im Kirchenrecht, a.a.O. dazu: „In gewisser Weise entspricht das Verhältnis zwischen Papst und nicht-christlichen Herrschern, wie Innozenz IV. es vorstellt, der Beziehung zwischen dem Papst und den christlichen Fürsten: Im Hinblick auf die christlichen Fürsten ist festzuhalten, dass der Papst die Aufspaltung der ursprünglich im Imperium Romanum vereinten christianitas in vom Kaiser de iure und de facto unabhängige regna akzeptiert. Er ist bereit, diese gegenüber dem Kaiser zu unterstützen, sofern sie anerkennen, dass sie – zumindest de iure – dem Papst unterstellt sind, da dieser als Christi Stellvertreter über dessen Machtfülle auf Erden verfügt und der iudex ordinarius aller (Christen) ist."

165 Siehe die deutsche Übersetzung des Werkes von Nicolaus de Tudeschis (ital. Niccolò Tedeschi gen. Abbas Panormitanus) *Scattola*, Eine innerkonfessionelle Debatte, in: Fidora/Fried/Lutz-Bachmann/Schorn-Hütte (Hrsg.), Politischer Aristotelismus, S. 139 (150). Panormitanus schrieb im Original: „Inn(ocentius) multum exquisite tractat hic istam materiam et primo concludit, quod infideles licite tenent dominia et principatus et alia bona, quia Deus subiecit orbem rationabili creaturae nec inter homines distinxit." *Panormitanus*, Commentaria, Bd. 3, fol. 206 r.

166 *Cantini*, De autonomia iudicis saecularis, Salesianum 1961, passim.

behielt bei ihm „der temporale Bereich seine spezifische Eigenständigkeit.“[167] Daher nennt Brand-Pierach die von Innozenz IV. formulierte grundsätzliche Zurückhaltung in der Rechtsprechung gegenüber den (Un-)Gläubigen in Fragen der weltlichen Herrschaftsrechte eine Form des Subsidiaritätsprinzips. Der Papst werde mithin nur aktiv, wenn die ordentlichen weltlichen Instanzen versagen.[168]

4. Verstöße der Ungläubigen gegen das Naturrecht als Gründe für das Umschlagen in eine de facto-Gewalt des Papstes

Die entscheidende Frage für die (faktische) Durchsetzbarkeit des päpstlichen Herrschaftsanspruchs ist, unter welchen Umständen es dem Papst – ausnahmsweise – erlaubt war, seine nur de iure innegehabten Ansprüche auch de facto anzutreten. Laut Fisch[169] stellte Innozenz IV. implizit die Frage, ob es vom Belieben des Papstes abhinge oder ob andere Gründe hinzutreten müssten.

Innozenz IV. nannte als Rechtfertigungstatbestände für eine Intervention des Papstes bzw. der Christen in die Herrschaftsrechte der Ungläubigen das Naturrecht. An dieses hätten sich die Ungläubigen zu halten und dessen Nichteinhaltung könne der Papst sanktionieren. Dabei verwendete er den Begriff des Naturrechts, ohne ihn – vom o.g.

167 *Kölmel*, Regimen Christianum, S. 256 in concreto zu der hier ausgelegten Stelle.

168 So bei *Brand-Pierach*, Ungläubige im Kirchenrecht, S. 67; in diese Richtung auch *Tierney*, Continuity of Papal Political Theory in the Thirteenth Century, MS 1965, S. 227 (238): „The functions that the medieval papacy claimed for itself correspond fairly closely to those of a supreme court of judicature in such a [modern 20th century, Anm. d. Verf.] society.“ *Kölmel*, Regimen Christianum, S. 258 spricht davon, das sich „[d]ie päpstliche Gewalt über die temporalia [...] aus dem Primat und bei Defekt der weltlichen Gewalt [ergibt, Anm. d. Verf.]. Sie ist in ihrem Handeln begrenzt im Sinne der ratio peccati und des subsidiären Eingreifens.“

169 *Fisch*, Europäische Expansion und das Völkerrecht, S. 188.

moralischen Imperativ abgesehen – weiter zu definieren.[170] Stattdessen gab er einige Beispiele für Vergehen gegen das Naturrecht, worunter etwa die Verhinderung der christlichen Missionare durch ungläubige Herrscher auf ihren Territorien fällt.[171]

> „[…] tamen mandare potest papa infidelibus, quod admittant praedicatores evangelii in terris suae iurisdictionis; nam cum omnis creatura rationabilis facta sit ad Deum laudandum […] si ipsi prohibent praedicatores praedicare, peccant, et ideo puniendi sunt."[172]

In diesem Kontext weist Brand-Pierach auf die Verwendung des Begriffs des (christlichen) *peccatum* hin. Dies zeige, dass Innozenz IV. zwar die unterschiedlichen Rechtstraditionen anerkenne, nach denen der Papst als *iudex omnium* die Christen (Evangelium), Juden (Talmud), Ungläubige (göttliches Naturrecht) richte. Gleichzeitig beherrsche das Christentum aber die weltweit geltende (Rechts-)Dogmatik.[173]

Es kann daher festgehalten werden, dass Innozenz IV. eine dezidiert christlich-religiöse Richterstellung einnimmt und keine ethisch-moralisch neutrale. Moslems, Juden und andere Ungläubige können für ihn keineswegs als mit den Christen rechtlich gleichgesetzte vollwertige Mitglieder der Menschheit verstanden werden. Denn die Gesetze des

170 *Muldoon*, Solórzano's *De indiarum iure*, JWH (1) 1991, S. 29 (34 f.).

171 Vgl. *Muldoon*, The Avignon Papacy and the Frontiers of Christendom, AHP 1979, S. 125 (181); *Brand-Pierach*, Ungläubige im Kirchenrecht, S. 82.

172 *Innozenz IV.*, Apparatus, fol. 431 v.

173 Auf den Punkt wird dies von *Brand-Pierach*, Ungläubige im Kirchenrecht, S. 83 gebracht: „Unwissenheit schützt nicht vor der Strafe. Das christliche, respektive päpstliche Verständnis wird allen Rechtstraditionen zu Grunde gelegt."

(christlichen) Gottes, die *ius naturale* und *ius gentium* zugleich sind, sind wie Innozenz IV. „assumed, […] clear to all men.“[174]

Zudem zählte er Unzucht, Vielehe, die Inbesitznahme von berechtigtem fremden Eigentum, Vielgötterei und Idolatrie zu den Verstößen gegen das Naturrecht.[175] Aus all den genannten Naturrechtsverstößen der Ungläubigen zieht Fisch folgenden Schluss: Gegenüber den Muslimen, jedoch nur außerhalb des Heiligen Landes, seien diese Tatbestände belanglos.[176] Der Islam als Buchreligion hält sich nämlich im Prinzip an diese Gebote Gottes.

5. Zwischenergebnis

Fischs Schlussfolgerung zeigt erneut, dass Innozenz IV. keineswegs nur ein juristischer und theologischer Dogmatiker war. Er war durchaus politischer Pragmatiker. In diesem Spannungsfeld bewegte er sich als Papst wie auch als juristischer Kommentator. Nicht nur wusste er um die faktischen Beschränkungen seiner Macht, was auch an dem konzilianten Umgang mit den Ungläubigen verdeutlicht wird. Seine Mongolenpolitik rechtfertigte er mit diesem Text. Zugleich ermöglichte er weitere Ko-

174 *Muldoon*, John Wyclif and the Rights of the Infidels, TA 1980, S. 301 (305).

175 Dies alles findet sich in *Innozenz IV.*, Apparatus, fol. 430 r: „Et sic per praedicta apparet, quod papa super omnes habet iurisdictionem et potestatem de iure, licet non de facto; unde per hanc potestatem, quam habet papa, credo, quod, si gentilis, qui non habet legem nisi naturae, si contra legem na turae facit, potest licite puniri per papam; ar(gumentum) Genes(is) 19, ubi habes, quod Sodomitae, qui contra legem naturae peccabant, puniti sunt a Deo; cum autem Dei iudicia sint nobis exemplaria, non video, quare papa, qui est vicarius Christi, hoc non possit, et etiam (debeat), dummodo facultas adsit; et idem dico, si colant idola. Naturale enim est unum et solum Deum creatorem colere et non creaturas.“ Zum Naturrecht und der Jurisdiktion für Heiden durch den Papst vgl. *Brand-Pierach*, Ungläubige im Kirchenrecht, S. 72 f.

176 *Fisch*, Europäische Expansion und das Völkerrecht, S. 188.

operationen auf politischer Ebene.[177] Zudem kann für die unter muslimischer Herrschaft stehenden Christen auf der iberischen Halbinsel zu jener Zeit von einer gewissen friedlichen Koexistenz gesprochen werden und auch mit anderen Araberreichen im Mittelmeerraum wurden von Innozenz IV. völkerrechtliche Verträge geschlossen.[178]

Das Werk Innozenz' IV. darf eindeutig nicht als Werbung für universelle Menschenrechte bezogen auf Privateigentum und die Religionsfreiheit und modernes Völkerrecht bezogen die Selbstbestimmtheit der Völker – jedenfalls nicht im heutigen Sinne – missverstanden werden. Dem christlich inspirierten naturrechtlichen Verständnis entsprechend war ein Ziel der den Ungläubigen zugestandenen Herrschaftsrechte nach Innozenz' IV. auch ihre Missionierung. Insoweit ist zu konstatieren, dass Innozenz' Werk hier einseitig religiös-konfessionell begründet ist.[179] So waren die Ungläubigen zur Zulassung christlicher Missionare verpflichtet, wiewohl sie nicht zwangsgetauft werden dürften („Item licet non debeant infideles cogi ad fidem"[180]). Wenn jedes vernunftbegabte Wesen dazu geschaffen ist, Gott zu loben, begehen die Ungläubigen, falls sie die Predigt des Evangeliums als Wort Gottes verhindern, dagegen eine schwere Sünde. Diese führe zur rechten und gerechten Bestrafung durch den Papst und die Christen, die in der Aufhebung

177 Außerdem rechtfertigte er die Missionierung der Mongolen und anderer Ungläubiger. Vgl. *Muldoon*, Popes, Lawyers and Infidels, S. 11.

178 *Mössner*, Völkerrechtspersönlichkeit und Völkerrechtspraxis, S. 40 m.w.N.; *Brand-Pierach*, Ungläubige im Kirchenrecht, S. 81. Innozenz IV. führt zur Legitimität ungläubiger Herrschaft über Christen eine Bibelstelle (1. Tim. 6,1) an *Innozenz IV.*, Apparatus, fol. 431 v: „Fatemur tamen, […] quod papa bene posset domino infideli dominium et iurisdictionem dimittere super fideles – ar(gumentum) 1 ad Thimo(theum) 6, in princ(ipio) – dummodo Christianos non gravaret iniuste."

179 Vgl. *Muldoon*, The Conquest of the Americas, in: Robertson/William (Hrsg.), Religion and Global Order S. 65 (68): „Innocence IV's conception of a global order is essentially a religious one."

180 *Innozenz IV.*, Apparatus, fol. 431 v.

ihrer Herrschaftsrechte mündet.[181] Umgekehrt und mit der heutigen postmodern-völkerrechtlich geprägten Sichtweise davon auszugehen, dass es bei Innozenz IV. eine Verpflichtung für die Christen gegeben habe, Verkünder des Islams auf christlichem Boden zuzulassen, wäre schlicht eine Fehlinterpretation der historischen Tatsachen. Denn Innozenz IV. vertrat selbstverständlich, dass die Christen auf dem Weg der Wahrheit gingen („nos in via veritatis"), während die Moslems und andere Andersgläubige im Irrtum ge- und befangen seien („ipsi sunt in errore").[182]

181 *Innozenz IV.*, Apparatus, fol. 431 v: „Item licet non debeant infideles cogi ad fidem, quia omnes libero arbitrio relinquendi sunt et sola Dei gratia in hac vocatione valeat; [...] tamen mandare potest papa infidelibus, quod admittant praedicatores evangelii in terris suae iurisdictionis; nam cum omnis creatura rationabilis facta sit ad Deum laudandum [...] si ipsi prohibent praedicatores praedicare, peccant et ideo puniendi sunt." Hierzu *Brand-Pierach*, Ungläubige im Kirchenrecht, S. 82 ff.

182 Die Textstelle (*Innozenz IV.*, Apparatus, fol. 431 v) lautet: „Sed dices: Numquid et eodem modo debet papa admittere illos, qui vellent praedicare legem Machometi? Respon(demus): Non. Non enim ad paria debemus eos nobiscum iudicare, cum ipsi sint in errore et nos in via veritatis, et hoc pro constanti tenemus." Siehe dazu *Kedar*, Cursade and Mission, S. 159–162, 217.

D. Rezeption der innozenzianischen Lehre am Beispiel des Hostiensis: eine Gegenposition

Die Rezeption der Lehre Innozenz IV. begann bereits zu seinen Lebzeiten durch seinen Schüler Hostiensis. Dieser schrieb ebenfalls einen Kommentar zu *Quod super his.*[183] Es scheint dabei an an einigen Stellen, als habe sich Hostiensis der Lehre seines Meisters[184] vollumfänglich angeschlossen:

> „Et in talibus, et cum hoc moderamine determina et intellige, quicquid secundum dominum nostrum [Innocentium IV, Anm. d. Verf.] in superioribus est notatum.“[185]

Tatsächlich aber fügte er den Ausführungen Innozenz' IV. an der für die vorliegende Untersuchung entscheidenden Kommentarstelle einige

183 Zum Leben und Werk des Hostiensis statt vieler *Plöchl*, Geschichte des Kirchenrechts Bd. 2, S. 519 f.

184 Fraglich ist, ob der Kommentar des Hostiensis gar noch zu Regierungszeit von Innozenz IV. geschrieben wurde. Dies wird aufgrund der Nennung Innozenz' IV. als „dominum nostrum“ vermutet. Spätere Kommentare (z.B. des Johannes von Andreae) verwendeten stattdessen etwa „Secundum Innocentium“. Hierzu: *Weise*, Staatsschriften des Deutschen Ordens, Bd. 1, S. 45 m.w.N. Dies gebe bereits einen Hinweis darauf, dass die Positionen der beiden Kommentatoren – Innozenz IV. und Hostiensis – nicht so unversöhnlich seien, wie in der Literatur oftmals angenommen wurde, und letztlich dass Hostiensis ihn zu Lebzeiten seines Meisters schrieb.

185 *Hostiensis*, Commentaria, fol. 128.

bedeutende einschränkende Zusätze bei. Mit diesen begründete Hostiensis seinerseits eine völlig neue Lehrtradition der Kirche.[186]

> „Mihi tamen videtur, quod in adventu Christi omnis honor et omnis principatus et omne dominium et iurisdictio de iure et ex cause iusta et per illum, qui supremam manum habet nec errare potest, omni infideli subtracta fuerint et ad fideles translata."[187]

Anders als Innozenz IV. war Hostiensis nämlich der Auffassung, dass mit dem Erscheinen Jesu Christi, jedes Amt, jede Herrschaft und Jurisdiktion den Ungläubigen entzogen wurde und auf die Christgläubigen übertragen wurde. Hostiensis statuierte damit nichts weniger als einen anfänglichen und de iure „uneingeschränkte[n] Weltherrschaftsanspruch"[188] der Christen. Die Ungläubigen seien derweil solange und auch überhaupt nur de facto zu tolerieren (*tolerare*), wie sie die *potestas ecclesiae Romanae* unbedingt anerkannten.[189]

186 Diese wurde von zahlreichen spätmittelalterlichen Kanonisten übernommen. Eine Übersicht bei *Becker*, Stellung des kanonischen Rechts zu den Andersgläubigen, in: Grenzmann/Haye/Henkel/Kaufmann (Hrsg.), Wechselseitige Wahrnehmung der Religionen, S. 101 (109ff.). Ausführlich zur Rezeption in der Schule von Salamanca bei: *Scattola*, Eine innerkonfessionelle Debatte, in: Fidora/Fried/Lutz-Bachmann/Schorn-Hütte (Hrsg.), Politischer Aristotelismus, S. 139 passim.

187 *Hostiensis*, Commentaria, fol. 128. Abgedruckt auch in *Weise*, Staatsschriften des Deutschen Ordens, Bd. 1, S. 63, 64; Grewe (Hrsg.), Fontes historiae iuris gentium, Bd. 1, S. 351 f.; aus der Literatur dazu *Fisch*, Europäische Expansion und das Völkerrecht, S. 189. *Muldoon*, John Wyclif and the Rights of the Infidels, TA 1980 S. 301 (305).

188 *Fisch*, Europäische Expansion und das Völkerrecht, S. 189.

189 *Hostiensis*, Commentaria, fol. 128: „Unde constanter afferimus, quod de iure infideles debent subiici fidelibus non econtra, [...]. Concedimus tamen, quod infideles, qui dominium Ecclesiae recognoscunt, sunt ab ecclesia tolerandi: Quia nec ad fidem praecise cogendi sunt, ut dictum est supra. Tales etiam possunt habere possessiones et colonos Christianos et etiam iurisdictionem ex tolerantia ecclesiae."

Ein absoluter Widerspruch zu Innozenz IV. lässt sich daraus jedoch nicht konstruieren.[190] Auch Innozenz IV. postulierte einen grundsätzlichen – wenngleich i.d.R. nur de iure bestehenden – Weltherrschaftsanspruch der Christenheit und des Papstes.[191] Was bei Hostiensis im Gegensatz dazu fehlte, war die klare Benennung ausreichende Gründe für christlich-päpstliche Intervention in die Herrschaftsrechte der Ungläubigen,[192] die bei Innozenz IV. ja in schwerwiegenden Verstößen gegen das göttliche Naturrecht liegen mussten.

190 Eine Auseinandersetzung mit den beiden teilweise gegensätzlichen Meinungen etwa bei *Muldoon*, Popes, Lawyers and Infidels, S. 16 ff. und *Weise*, Staatsschriften des Deutschen Ordens, Bd. 1, S. 45 ff. Letzterer schloss mit der Feststellung, dass Innozenz IV. die Frage schlicht nicht gestellt habe, seit wann die Ungläubigen de iure keine Herrschaftsrechte (mehr) haben, sondern nur noch de facto. Diese beantwortete Hostiensis freilich, indem er schon a priori (zumindest seit Christi Geburt) keine de iure-Herrschaftsrechte den Ungläubigen zubilligt (a.a.O., S. 47).

191 Vgl. *Muldoon*, John Wyclif and the Rights of the Infidels, TA 1980, S. 301 (305) zu der Stelle *Hostiensis*, Commentaria, fol. 128: „Concedimus tamen quod infideles qui dominium ecclesiae recognoscunt sunt ab ecclesia tolerandi: quia nec ad fidem precise cogendi sunt […].“ Ebenso fasst *Brundage*, Holy War and Medieval Lawyers, in: Murpy (Hrsg.), The Holy War, S. 99 (122) dies trefflich zusammen: „Although Innocent IV and Hostiensis disagreed sharply on the basis for the holy war, they both agreed that the holy war represented a legitimate exercise of papal power and both of them found adequate juristic grounds for it. The grounds of their disagreement had to do with the legitimacy of possession, jurisdiction and ruly by non-Christians. These differences were of great significance for later lawyers, who had to wrestle with the problem of legitimacy of the governments and property rights of non-Christian Indians in the New World.“

192 *Fisch*, Europäische Expansion und das Völkerrecht, S. 190. So sollten nur Ungläubige, welche die Oberherrschaft der Kirche (*potestas ecclesiae Romanae*) anerkennen, ihrerseits Herrschaft über Christen ausüben dürfen. In Gegenden, in denen Christen missionieren, entstehe ihnen ein Anspruch auf Herrschaft und Jurisdiktionsgewalt. Auch nach *Becker*, Stellung des kanonischen Rechts zu den Andersgläubigen, in: Grenzmann/Haye/Henkel/Kaufmann (Hrsg.), Wechselseitige Wahrnehmung der Religionen, S. 101 (109) formuliert Hostiensis hier einen „sehr viel schroffere[n] Anspruch“ als Innozenz IV.

Mithin muss – mit Blick auf die die begrenzte Fragestellung der vorliegenden Arbeit – die Frage unbeantwortet bleiben, welche der beiden sich teilweise unterscheidenden Positionen[193] für sich beanspruchen konnte, in der kanonischen Literatur des Spätmittelalters die Mehrheitsmeinung zu sein.[194] Eine gewissermaßen vermittelnde Position nahm etwa Nicolaus de Tudeschi (gen. Abbas Panormitanus) mit seinem ebenso äußerst einflussreichen Kommentar ein. Im Lichte der Türkeneinfälle[195] tendierte Panormitanus zu spezielleren Eingriffsrechten und wollte die Jurisdiktion der Ungläubigen für naturrechtswidrige Vergehen zwischen Papst und Kaiser aufteilen.[196]

193 *Fisch*, Europäische Expansion und das Völkerrecht, S. 189 ff., hingewiesen: „Liest man bei Hostiensis statt ‚Ungläubige' ‚Muslims', so verschwindet die Differenz fast ganz, denn gegenüber letzteren ist Innozenz' Doktrin kaum weniger aggressiv. Die Ausweitung auf die anderen Ungläubigen erfolgt bei Hostiensis nur theoretisch und potentiell, nicht aktuell." (a.a.O, S. 191).

194 *Fisch*, Europäische Expansion und das Völkerrecht, S. 193.

195 *Becker*, Stellung des kanonischen Rechts zu den Andersgläubigen, in: Grenzmann/Haye/Henkel/Kaufmann (Hrsg.), Wechselseitige Wahrnehmung der Religionen, S. 101 (111).

196 *Panormitanus*, Commentaria, Bd. 3, fol. 206 r: „Fatetur tamen, quod, si infideles sunt infesti Christianis vel aliter delinquant contra legem naturae, quod papa poterit contra eos indicere bellum et eos privare huiusmodi bonis." Und a.a.O. fol. 206 v zur aufgeteilten Rechtsprechungskompetenz für profane und religiöse Vergehen: „Unde concordando dicta Inn(ocentii) et iura supra all(egata) distinguo, quod quidam sunt crimina ecclesiastica, et in istis papa exercet iurisdictionem in infideles, sicut exercet contra fideles, unde, si Iudei vel alii infideles delinquerent contra matrimonium, papa seu ecclesia potest in eos animadvertere, [...]. In criminibus vero non ecclesiasticis imperator exercebit iurisdictionem." Für Fälle, die sowohl das Kirchenrecht wie das weltliche Recht berühren, hielt er eine Vorrangstellung der Kirche im Zweifel fest: „In mixtis vero locus erit praeventioni; ad hoc, quod plene dico in [...]. Unde in peccato contra naturam dico, quod uterque potest esse iudex, quia hoc peccatum principaliter concernit Dei reverentiam, qui est conditor universalis creaturae. Nam ob hanc causam ecclesia impedit se contra laicos de crimine usurarum, etiam infideles [...]." Aus der Sekundärliteratur hierzu *Fisch*, Europäische Expansion und das Völkerrecht, S. 195 m.w.N.; *Greco*, Le pouvoir du Souverain Pontife, S. 237.

Die kanonistische Diskussion des Spätmittelalters hatte außerdem einen wesentlichen Einfluss auf die Eroberung der ab dem Ende des 15. Jahrhunderts entdeckten und bis dahin von ungläubigen Indianern bevölkerten amerikanischen Kontinente.[197] Dabei standen sich als Antipoden der Ausschließlichkeits- und Wahrheitsanspruch der christlichen Welt und das von Innozenz IV. geweckte und im Ansatz begründete „Bewußtsein der menschlichen Verbundenheit und Gleichheit aller Rassen und Religionen"[198] gegenüber. Letztlich wurden diese Gedankengänge für die Entwicklung der Völkerrechtsidee von Hugo Grotius u.a. eine entscheidende Inspiration.[199]

197 Statt vieler hier nur *Brundage*, Holy War and Medieval Lawyers, in: Murpy (Hrsg.), The Holy War, S. 99 (122). Zur Rezeption im 16. Jahrhundert siehe *Scattola*, Eine innerkonfessionelle Debatte, in: Fidora/Fried/Lutz-Bachmann/Schorn-Hütte (Hrsg.), Politischer Aristotelismus, S. 139 passim.

198 So *Mössner*, Völkerrechtspersönlichkeit und Völkerrechtspraxis, S. 41.

199 Vgl. *Mössner*, Völkerrechtspersönlichkeit und Völkerrechtspraxis, S. 41. Zur Rezeption Innozenz' IV. insgesamt *Brand-Pierach*, Ungläubige im Kirchenrecht, S. 131 ff. m.w.N. zu Grotius und dessen Abhängigkeit von der mittelalterlichen Tradition und zu Einflüssen Innozenz' IV.; siehe auch Grewe (Hrsg.), Fontes historiae iuris gentium, Bd. 1, S. 438 ff. Diese Kompilation beinhaltet ausdrücklich die für die Herausbildung des Völkerrechts relevant gewordenen Passagen von Innozenz IV. und Hostiensis.

E. Vergleich mit dem geltenden Recht

I. Katholische Kirche und Religionsfreiheit seit dem Zweiten Vatikanischen Konzil

Die Religionsfreiheit und das Seelenheil durch nichtchristliche Religionen war von der römisch-katholischen Kirche bis in das 20. Jahrhundert nicht anerkannt. Grundsätzlich galt seit dem Konzil von Ferrara/Florenz (1438–1445) das Dogma *Extra ecclesiam nulla salus*, welches einen exklusiv verstandenen Wahrheitsanspruch der Kirche konstituierte.[200] Bis zum Zweiten Vatikanischen Konzil (1962–1965) verfolgte die Kirche lediglich ein Toleranzkonzept, das in gewisser Weise einem Gegenmodell zur Religionsfreiheit entsprach. Demnach sollten die katholische Kirche und der katholische Glaube vermöge ihres göttlichen Auftrages weltlich und religiös dominant sein. Freilich sollte dies mit politischer Macht in allen Ländern einhergehen. Nur in Fällen, in denen der Katholizismus – als die einzige Religion der Wahrheit – in einer Jurisdiktion über keine politische Macht verfügte bzw. katholische Gläubige in der Minderheit waren, sollte es dort ein Recht auf freie Religionsausübung geben.[201]

Insgesamt stellte sich die Frage der Religionsfreiheit in der Geschichte seit dem Spätmittelalter für die katholische Kirche immer dann, wenn verschiedene Konfessionen und Religionen in einem bestimmten Raum koexistierten. Generelle Überlegungen zur tolerierbaren Macht der Ungläubigen, speziell über die Christusgläubigen, stellte neben Innozenz IV. nur etwas später im 13. Jahrhundert Thomas von Aquin an. Die von

200 *Renz*, Katholische Kirche und der interreligiöse Dialog, S. 30 ff., 49 ff.

201 *Gabriel/Spieß/Winkler*, Wie fand der Katholizismus zur Religionsfreiheit?, S. 88 m.w.N.

Thomas von Aquin entwickelte Lehre[202] kam zu nicht ganz unähnlichen Schlüssen wie Innozenz IV.: Die Herrschaft Ungläubiger sollte letztlich nur bei Achtung der christlichen Suprematie legitim sein.[203] Die sich hieraus entwickelnde Toleranzdoktrin kulminierte in der katholischen Ablehnung der Religionsfreiheit in der Enzyklika *Quanta cura* von Papst Pius IX im Jahre 1864.[204]

Ein Bekenntnis der katholischen Kirche zur Religionsfreiheit gibt es inzwischen seit 1965. Im Zuge des Zweiten Vatikanischen Konzils wurde die Erklärung *Dignitatis humanae* formuliert und von Papst Paul VI. promulgiert. Die grundsätzliche Anerkennung der Wahrheit in nichtchristlichen Religionen erfolgte schließlich mit der ebenfalls 1965 verabschiedeten und promulgierten Enzyklika *Nostra aetate*.[205]

II. Souveräne Gleichheit der Staaten und Selbstbestimmungsrecht der Völker im modernen Völkerrecht

Die Gleichheits- und Souveränitätsfrage im Völkerrecht war auch noch jahrhundertelang nach dem Erscheinen des *Apparatus* von Innozenz IV. ein äußerst umstrittenes Thema in der Philosophie, Politik und Jurisprudenz. Im ausklingenden Mittelalter noch bildete der Dualismus zwischen Papst und Kaiser einen gewichtigen Grund dafür, dass

202 Vgl. die kurze Darstellung der zentralen Elemente der Lehre des Thomas von Aquin zur rechtlichen Stellung der Ungläubigen: Grewe (Hrsg.), Fontes historiae iuris gentium, Bd. 1, S. 352 ff.

203 Eine konzise Darstellung der entsprechenden Inhalte der *Summa theologica* von Thomas von Aquin mit Originalzitaten bei *Gabriel/Spieß/Winkler*, Wie fand der Katholizismus zur Religionsfreiheit?, S. 89 m.w.N.

204 *Hilpert*, Anerkennung der Religionsfreiheit, SdZ 2005, S. 809 (813).

205 *Renz*, Katholische Kirche und der interreligiöse Dialog, passim.

sich ein mittelalterliches Völkerrecht nicht entwickelte. Es bedurfte zunächst der theoretischen und praktischen Herausbildung europäischer Nationalstaaten, die losgelöst von den Universalmächten – Kaiser und Papst – existieren und agieren konnten.[206] Einen staatsphilosophischen Grundstein hierfür legte Bodin mit seinem 1576 erschienenen Werk über den Staat. Der faktisch-politische Ursprung staatlicher Souveränität kann in der Etablierung des spanisch-habsburgischen Reiches unter Karl V. ebenso im 16. Jahrhundert gesehen werden. Die theoretische wie praktische Entstehung eines Staatensystems in Europa ist daher für die Zeit um das Ende des 15. und den Beginn des 16. Jahrhunderts zu datieren.[207]

Die weitere Auseinandersetzung mit der Frage der legitimen Herrschaft Ungläubiger und des respektiven Eingriffsrechts von Papst und Kaiser erfolgte auch durch die frühen Völkerrechtler. Grotius, als Vertreter der naturrechtlichen Völkerrechtslehre, berief sich ausdrücklich auf Innozenz IV.: Wenn auch Krieg gegen Ungläubige nicht generell erlaubt sei, so ist er dies doch gegen die Barbaren, als „Anhänger einer verwerflichen und lasterhaften Religion"[208]. Mitnichten waren von Grotius universelle Menschenrechte erfunden worden.[209] Sein Verdienst aber war, dass er als erster zwischen dem göttlichen *ius naturale* und dem nicht naturrechtlich deduzierbaren *ius gentium* oder *voluntarium*, das als Produkt des Willens der Staaten und ihrer Herrscher entsteht und gilt, differenzierte.[210]

Theologisch-scholastisch argumentierte dagegen Francisco de Vitoria, der sich mit der spanischen Eroberungspolitik auf den ameri-

206 *Grewe*, Völkerrechtsgeschichte, S. 31 f.

207 *Grewe*, Völkerrechtsgeschichte S. 37.

208 Zitiert nach *Grewe*, Völkerrechtsgeschichte, S. 229.

209 *Grewe*, Völkerrechtsgeschichte, S. 229.

210 Vgl. *Wengler*, Völkerrecht, Bd. 1, S. 122 f.

kanischen Kontinenten theologisch und juristisch auseinandersetzte. Explizit bezog auch er sich auf das Opus Innozenz' IV. Wiewohl Vitoria das grundsätzliche Recht der Ungläubigen in Amerika und andernorts auf *dominium* stützte und ein Interventionsrecht der weltlichen Herrscher ablehnte, erweiterte er die innozenzianische Konzeption von der päpstlichen de iure-Gewalt. So können und müssen die Ungläubigen – nach Vitoria – für Verstöße gegen diese göttliche und natürliche Rechtsordnung vom Papst bestraft werden.[211]

Im modernen Völker- bzw. Völkervertragsrecht wurde die souveräne Gleichheit der Staaten mit der Haager Friedenskonferenz von 1907, der Gründung des Völkerbundes und später der Vereinten Nationen international positiv-rechtlich anerkannt.[212] Die ideelle Grundlage für die Gleichheit der Staaten als mystische Vorstellung der jedem Staat innewohnenden gleichen Würde basierte – so Kokott – auf „schiefe[n] Gerechtigkeitsvorstellungen […], wonach alle politischen Gemeinschaften gleichwertig seien, da die sie konstituierenden Menschen in ihrer Würde gleich sind."[213] Als Beispiel für diese „schiefe" Vorstellung führt sie den enzyklischen Brief von Johannes XXIII. vom 12. April 1963 an.[214]Auch in der heutigen rechtspolitischen Debatte werden Angriffe auf andere Staaten, wenn auch nicht mehr aufgrund christlicher

211 *Muldoon*, A Canonistic Contribution to the Formation of International Law, TJ 1968, S. 265 (274, 278).

212 *Wengler*, Völkerrecht, Bd. 1, S. 131 ff.; *Kokott*, Souveräne Gleichheit und Demokratie im Völkerrecht, ZaöRV 2004, S. 517 (520 f.). m.w.N.

213 *Kokott*, Souveräne Gleichheit und Demokratie im Völkerrecht, ZaöRV 2004, S. 517 (521).

214 Vgl. den enzyklischen Brief von Papst Johannes XXIII. v. 12. April 1963: „All men are equal in their natural dignity […] Consequently there are no political communities which are superior by nature and none which are inferior […] since they are bodies whose membership is made up of these same human beings." Zitiert bei *Klein*, Sovereign Equality Among States, S. 143 und bei *Kokott*, Souveräne Gleichheit und Demokratie im Völkerrecht, ZaöRV 2004, S. 517 (521).

Moralvorstellungen, so doch aufgrund kodifizierter universeller Menschenrechte vorgenommen. Kokott weist in diesem Zusammenhang auf den unbestimmten Inhalt des Souveränitätsbegriffs hin. Einerseits kann er als „Attribut demokratischer Selbstbestimmung und Partizipation“ und andererseits als „Schutzschild für Unterdrückung und Menschenrechtsverletzungen“[215] verstanden werden.

Die sich juristisch und politisch stellenden Fragen für die äußere Intervention in die inneren Angelegenheiten eines Staates sind auch heute dieselben: Unter welchen Bedingungen kann ein gerechter Krieg geführt werden? Sind ggf. sogar Präventivschläge gerechtfertigt und welche internationale politische Instanz darf über die Rechtmäßigkeit eines Krieges befinden?[216] All dies zeigt, dass die Verbindung der Sphären von Politik und Recht – wie sie auch im Kommentar von Innozenz IV. zu *Quod super his* zum Ausdruck kommen – seit dem Mittelalter nicht im Geringsten an Relevanz verloren haben.

215 *Kokott*, Souveräne Gleichheit und Demokratie im Völkerrecht, ZaöRV 2004, S. 517 (529).

216 Siehe dazu auch *Brand-Pierach*, Ungläubige im Kirchenrecht, S. 167, konkret zum Irakkrieg ab dem Jahr 2003.

F. Fazit

Mit Muldoon kann abschließend festgehalten werden, dass Innozenz IV. „should be regarded as the founder of the doctrine of the rights of infidel nations, however imperfect and incomplete this doctrine might be.“[217]

Schlechterdings können sein politisches Wirken und sein juristisches Werk aber nicht am Maßstab der Prinzipien des modernen Völkerrechts bewertet werden. Die Zubilligung der Herrschaft Ungläubiger unter dem (päpstlichen) Primat der christlichen Rechts-, Politik- und Heilvorstellungen war zum einen ein Produkt seiner Zeit.[218] Alles andere wäre im Lichte der päpstlichen *plenitudo potestatis* undenkbar und mit ihr unvereinbar gewesen. Eine solche politische Position hätte kein Papst im Machtgeflecht der damaligen europäischen und internationalen Mächte politisch – geschweige denn körperlich – überlebt.

Zum anderen ging Innozenz IV. weit über den Stand der damaligen rechtsphilosophischen Diskussion hinaus, indem er den Heiden ein Selbstorganisationsrecht im Grunde zubilligte. Eine besondere Einschränkung gilt für die Muslime im Heiligen Land, dessen Rückeroberung durch das hergebrachte *bellum iustum*-Konzept gerechtfertigt blieb. Indessen war Innozenz IV. als kühner Kirchen- und weltlicher Fürst nicht nur „much less belligerent“[219] bezüglich der Ungläubigen

217 *Muldoon*, The Contribution of the Medieval Canon Lawyers to the Formation of International Law, Traditio 1972, S. 483 (496) m.w.N. auf Stanislaus Belchs Aussagen zu Innozenz IV.

218 Vgl. nochmals *Muldoon*, The Conquest of the Americas, in: Robertson/William (Hrsg.), Religion and Global Order S. 65 (68): „Innocence IV's conception of a global order is essentially a religious one.“

219 Muldoon, Canon Law, I, S. 573: „On the broad issue of non-Christians exercising legitimate temporal authority, even over Christians, Innocent IV's position was much less belligerent.“

in anderen Territorien. Er beließ ihnen ihre Herrschaft über christliche Bevölkerungsanteile, was für die damaligen politischen Gepflogenheiten friedlich und gleichsam revolutionär war.[220]

Jedoch täuscht diesbezüglich der erste Eindruck, den die ausgelegten Zeilen bei einer isolierten Betrachtung vermitteln mögen. Es handelt sich mitnichten um ein Plädoyer für das Eigentum als bedingungsloses und universelles Menschenrecht oder für das Selbstbestimmungsrecht der Völker und die souveräne Gleichheit der Staaten. Für Innozenz IV. waren – in völliger Übereinstimmung mit dem damaligen christlichen Weltbild – sämtliche Nicht- und Andersgläubige vom natürlichen Wege abgekommene und durch Götzen und falsche Propheten fehlgeleitete Ungläubige. Ihre einzige Chance auf das Seelenheil lag in der Annahme des christlichen Glaubens. Deshalb waren für ihn alle Ungläubige in letzter Konsequenz niemals vollwertige Mitglieder der weltumspannenden christlichen Gesellschaft.[221] Nur aus dieser Hoffnung heraus – doch noch sich als *rationales creaturae* missioniert zu werden – dürfen sie nach Innozenz IV. auf den Schutz ihres Eigentums und ihrer Herrschaft (durch Papsttum und Christenheit) hoffen.[222]

220 Innozenz anerkannte das „right of all men to organize societies and to govern themselves as they saw fit“, so *Muldoon*, The Conquest of the Americas, in: Robertson/William (Hrsg.), Religion and Global Order, S. 65 (67).

221 Freilich sah Innozenz IV. weder Häretiker und Schismatiker noch Juden, Muslime und Mongolen als gleichwertige Mitglieder einer christlichen Weltordnung an. Ihm zufolge haben sie nur ein – was die Rechtsgrundlage angeht – niederrangiges Herrschaftsrecht inne, insofern sie sich an das Naturrecht halten müssen, das göttliches Recht ist. Dessen Einhaltung wiederum wird vom Papst als *vicarius Christi* überwacht. Vgl. *Muldoon*, The Conquest of the Americas, in: Robertson/William (Hrsg.), Religion and Global Order, S. 65 (68).

222 Diese Schlussfolgerung zieht bspw. *Brand-Pierach*, Ungläubige im Kirchenrecht, S. 89: „Innocenz IV. bietet Ungläubigen also eine Möglichkeit, ihre Herrschaft gegen potentielle christliche Gegner zu behaupten, solange sie die päpstliche Oberhoheit anerkennen und die Mission in ihren Gebieten zulassen, respektive in absehbarer Zeit konvertieren.“ Ferner ebenso *Muldoon*, Popes, Lawyers and Infidels, S. 32 f., 48.

Diese innozenzianische Konzeption kann nach alledem nicht zur konkreten Grundlage des modernen Völkerrechts verklärt werden. Sie war eher der geistesgeschichtliche Ausgangspunkt, der noch vieler weiterer Interpretationen bedurfte, bis daraus die heutigen weltweit anerkannten Rechtsprinzipien wurden. Innozenz IV. entwickelte zunächst eine – nicht minder hoch zu schätzende – Konzeption eines friedlichen Zusammenlebens der Völker auf Basis des göttlich gesetzten Natur- und Völkerrechts. Dies geschah aber in einer christlichen Interpretation (*ius naturale* und *ius gentium*). Diese wiederum liefe konsequent weitergedacht auf nicht weniger als eine globale Ordnung auf der Basis des christlichen Glaubens hinaus: „It would make European Christians the rulers of the entire world, at least in theory".[223]

Schon mit seinem Schüler Hostiensis schränkte die innozenzianische Idee der Herrschaftsrechte der Heiden auf eine von päpstlicher bzw. christlicher Gnade gegebenen nur de facto-Herrschaft wesentlich ein. Damit zeigte sich die Konsequenz aus der christlichen Begründung der heidnischen Souveränitäts- und Eigentumsrechte. Schließlich dauerte es noch mehrere Jahrhunderte, in denen die Worte Innozenz' IV. weiter- und fehlinterpretiert durch die auf ihn folgenden Kanonisten zur Legitimation der Besitznahme gerade indianischer Territorien in Amerika genutzt wurden, bis die katholische Kirche endgültig die individuelle Religionsfreiheit und kollektive Gleichheit anderer Religionen anerkannte.[224]

223 *Muldoon*, The Conquest of the Americas, in: Robertson/William (Hrsg.), Religion and Global Order, S. 65 (67).

224 Für die Rezeption des Werkes von Innozenz IV.: *Becker*, Stellung des kanonischen Rechts zu den Andersgläubigen, in: Grenzmann/Haye/Henkel/Kaufmann (Hrsg.), Wechselseitige Wahrnehmung der Religionen, S. 101 (109 ff.). Für die Rezeption durch die Schule von Salamanca *Scattola*, Eine innerkonfessionelle Debatte, in: Fidora/Fried/Lutz-Bachmann/Schorn-Hütte (Hrsg.), Politischer Aristotelismus, S. 139 passim.

Nichtsdestoweniger liegt die bahnbrechende Leistung Innozenz IV. darin, sich anders alle seine Vorgänger im Papstamt und kanonistische Gelehrte überhaupt positiv mit der Legitimität nichtchristlicher Herrschaft beschäftigt zu haben. Dabei ist Innozenz' umfassender Ansatz für eine Lehre der menschlichen Herrschaft außerhalb der Christenheit als eine Reflexion seiner eigenen diplomatischen und missionarischen Bemühungen gegenüber und bei den Mongolen und den Moslems außerhalb des Heiligen Landes zu verstehen. Sein Verdienst bleibt, dass das erste Mal in der Weltgeschichte ein Papst versuchte, friedvollen Kontakt zu fremden, nichtchristlichen Mächten zu etablieren. Um aber die Mongolen politisch gleichberechtigt zu behandeln, bedurfte es der Anerkennung ihrer Herrschaft als legitim durch den Papst. Mit der hier exegetisch behandelten Textstelle schuf Innozenz dafür die Grundlage.[225]

Innozenz IV. nutzte nicht nur seine Kenntnisse im rezipierten römischen Recht wie im kanonischen Recht. Auch ließ er sich – gerade vor dem Hintergrund der beiden unterschiedlichen Rechtstraditionen – nicht klar als Hierokrat oder Dualist zuordnen.[226] Wie Cantini hervor hebt, wusste Innozenz IV. als Papst und Dekretalist sehr genau zwischen den rechtlichen Sphären zu trennen und diese geschickt für seine jeweiligen strategisch-politischen Ziele einzusetzen.[227] Obwohl Innozenz IV. die geistliche Universalgewalt der säkularen überordnete, behält in seinem Konzept von der Welt „der temporale Bereich seine spezifische Eigenständigkeit".[228]

225 *Muldoon*, Extra ecclesiam non est imperium, SG 1966, S. 553 (580).

226 Etwa bei *Brand-Pierach*, Ungläubige im Kirchenrecht, S. 104 m.w.N. auf *Cantini*, De autonomia iudicis saecularis, Salesianum 1961, passim; vgl. zudem *Tierney*, Continuity of Papal Political Theory in the Thirteenth Century, MS 1965, S. 227 (229, 235).

227 *Kölmel*, Regimen Christianum, S. 248 f.

228 *Kölmel*, Regimen Christianum, S. 256.

Ferner war sich Innozenz IV. des Vorteils seiner gewissermaßen „zwei juristisch-publizistischer Schwerter“ bewusst. Diese scharfen Waffen setzte er als Kommentator und als Papst mit scholastischer Präzision ein. Carlyle/Carlyle halten dazu fest:

> „It is, as has just been said, in his Commentaries, much more than in the actual Decretals, that we must look for Innocent IV.'s theory of the relations of the temporal and spiritual powers. It is, indeed, a curious and rare spectacle to see a great Pope acting in two capacities, sometimes as a legislator and sometimes as a commentator upon the laws, and even upon his own judgments, and we should venture to say that Innocent IV. was quite conscious of the difference.“[229]

Abschließend sei gesagt, dass dieser Kommentar zu *Quod super his* eine große interpretatorische Offenheit aufweist. Er lässt sich in eine den Sinn verengende und in eine erweiternde Richtung auslegen. Für die verengende steht hier exemplarisch sein Schüler Hostiensis. Dagegen wurden die Rechte der Ungläubigen etwa durch die Schriften Vitorias erweitert.[230]Die Entwicklung des Völkerrechts und internationale Beziehungen scheint bei einer Gesamtbetrachtung der Auseinandersetzung der auf mittelalterlichen und frühneuzeitlichen Kanonisten mit Un- und Andersgläubigen nicht im Fokus des damaligen juristischen Diskurses gestanden zu haben. Jedoch beweist die hier ausgelegte Textstelle Innozenz' IV. auf beeindruckende politische, theologische und rechtstechnische sowie rechtsdogmatische Art und Weise das Gegenteil. Muldoon hält dazu fest: „The issue of whether or not legitimate secular

229 *Carlyle/Carlyle*, Political Theorie of the Thirteenth Century, Bd. 5, S. 318.

230 *Scattola*, Eine innerkonfessionelle Debatte, in: Fidora/Fried/Lutz-Bachmann/Schorn-Hütte (Hrsg.), Politischer Aristotelismus, S. 139 passim.

power exists *extra ecclesiam* is one more aspect of that most fundamental question in medieval political thought, the problem of *dominium*, and, as such, central to the study of medieval political thought and practice."[231]

231 So *Muldoon*, The Contribution of the Medieval Canon Lawyers to the Formation of International Law, Traditio 1972, S. 483 (497), Herv. i. O., abschließend zur Bedeutung Innozenz' IV. für die weitere Entwicklung des Völkerrechts.

Literaturverzeichnis

Quellenverzeichnis

Berger, Élie	Les registres d'Innocent IV, Band 1, Paris 1887 (zitiert als: *Berger*, Registres d'Innocent IV, Bd. 1)
Fliscus, Sinibaldus (Innozenz IV.)	Apparatus in V Libros Decretalium, Frankfurt 1570, Neudruck Frankfurt 1968 (zitiert als: *Innozenz IV.*, Apparatus)
Friedberg, Emil (Hrsg.)	Corpus iuris canonici, Band 2, Decretalium collections, Leipzig 1870, Neudruck Graz 1959 (zitiert als: Friedberg (Hrsg.), Corpus Iuris Canonici, Bd. 2)
Friedberg, Emil (Hrsg.)	Corpus iuris canonici, Band 1, Decretum magistri Gratiani, Leipzig 1870, Neudruck Graz 1959 (zitiert als: Friedberg (Hrsg.), Corpus Iuris Canonici, Bd. 1)
Grewe, Wilhelm (Hrsg.)	Fontes historiae iuris gentium = Quellen zur Geschichte des Völkerrechts, Band 1, 1380 v. Chr. – 1493, Berlin 1995 (zitiert als: Grewe (Hrsg.), Fontes historiae iuris gentium, Bd. 1)

Mansi, Ioannes Sacrorum conciliorum nova, et amplissima collectio, Band 23, Florenz 1759 (zitiert als: Mansi, Sacrorum conciliorum nova, et amplissima collectio, Bd. 23)

Segusio, Henricus de (Hostiensis) In V decretalium commentaria, Venedig 1581, Neudruck Turin 1965, Band 2 (zitiert als: *Hostiensis*, Commentaria, Bd. 2)

Tudeschis, Nicholaus de (Abbas Panormitanus) Commentaria in Tertium Decretalium Librum, Venedig 1582 (zitiert als: *Panormitanus*, Commentaria, Bd. 3)

Weiland, Ludwig (Hrsg.) Monumenta Germaniae Historica, Constitutiones et acta publica imperatorum et regum inde ab a. MCXCVIII usque ad a. MCCLXXII (1198–1272), Band 2, Hannover 1896, Neudruck 1963 (zitiert als: Weiland (Hrsg.), MGH Constitutiones Bd. 2)

Nachschlage- und Sammelwerke, Wörterbücher

Becker, Hans-Jürgen Innozenz IV., in: Cordes, Albrecht (Hrsg.), Handwörterbuch zur deutschen Rechtsgeschichte, Band 2, 2. Auflage, Berlin 2012, Spalte 1230–1231 (zitiert als: *Becker*, Innozenz IV., in: Cordes (Hrsg.), HRG, Bd. 2)

Fichtinger, Christian Lexikon der Heiligen und Päpste, Frankfurt 1995 (zitiert als: *Fichtinger*, Lexikon der Heiligen und Päpste)

Georges, Karl Ausführliches Lateinisch-Deutsches Handwörterbuch, Zweiter Band 2, 10. Auflage, Hannover 1959 (zitiert als: *Georges*, Lateinisch-Deutsches Handwörterbuch, Bd. 2)

Held, Friedrich
Corvin, Otto v. Illustrierte Weltgeschichte: Ein Buch für's Volk, Zweiter Band, Das Mittelalter, Leipzig 1846 (zitiert als: *Held/v. Corvin*, Weltgeschichte: Das Mittelalter)

Lück, Heiner Gericht, in: Cordes, Albrecht (Hrsg.), Handwörterbuch zur deutschen Rechtsgeschichte, Band 2, 2. Auflage, Berlin 2012, Spalte 131–143 (zitiert als: *Lück*, Gericht, in: Cordes (Hrsg.), HRG, Bd. 2)

Ogris, Werner Dominium, privatrechtlich, in: Cordes, Albrecht (Hrsg.), Handwörterbuch zur deutschen Rechtsgeschichte, Band 1, 2. Auflage, Berlin 2008, 2. Auflage, Berlin 2008, Spalte 1108–1109 (zitiert als: *Ogris*, Dominium, privatrechtlich, in: Cordes (Hrsg.), HRG, Bd. 1)

Olechowski, Thomas Besitz, in: Cordes, Albrecht (Hrsg.), Handwörterbuch zur deutschen Rechtsgeschichte, Band 1, 2. Auflage, Berlin 2008, Spalte 547–551 (zitiert als: *Olechowski*, Besitz, in: Cordes (Hrsg.), HRG, Bd. 1)

Roberts, William Innocent IV, in: Coppa, Frank (Hrsg.), Encyclopedia of the Vatican and Papacy, London 1999, S. 215–216 (zitiert als: *Roberts*, Innocent IV, in: Coppa (Hrsg.), Encyclopedia of the Vatican and Papacy)

Schulze, Hans Dominium, öffentlich-rechtlich, in: Cordes, Albrecht (Hrsg.), Handwörterbuch zur deutschen Rechtsgeschichte, Band 1, 2. Auflage, Berlin 2008, Spalte 1106–1108 (zitiert als: *Schulze*, Dominium, öffentlich-rechtlich, in: Cordes (Hrsg.), HRG, Bd. 1)

Sleumer, Albert Kirchenlateinisches Wörterbuch, Hildesheim 1990 (zitiert als: *Sleumer*, Kirchenlateinisches Wörterbuch)

Thier, Andreas Corpus Iuris Canonici, in: Cordes, Albrecht (Hrsg.), Handwörterbuch zur deutschen Rechtsgeschichte, Band 1, 2. Auflage, Berlin 2008, Spalte 894–901 (zitiert als: *Tier*, Corpus Iuris Canonici, in: Cordes (Hrsg.), HRG, Bd. 1)

Lehrbücher, Monografien und Zeitschriftenaufsätze

Amon, Karl Mittelalter, in: Lenzenweger, Josef/Stockmeier, Peter/Amon, Karl/Zinnhobler, Rudolf (Hrsg.), Geschichte der katholischen Kirche, Graz 1986, S. 181–217 (zitiert als: *Amon*, Mittelalter, in: Lenzenweger/Stockmeier/Amon/Zinnhobler (Hrsg.), Geschichte der katholischen Kirche)

Andrieu-Guitrancourt, Pierre Introduction sommaire à l'étude du droit en general et du droit canonique contemporain en particulier, Paris 1963 (zitiert als: *Andrieu-Guitrancourt*, Introduction sommaire à l'étude du droit)

Barraclough, Geoffrey The Medieval Papacy, London 1968 (zitiert als: *Barraclough*, Medieval Papacy)

Becker, Hans-Jürgen Die Stellung des kanonischen Rechts zu den Andersgläubigen: Heiden, Juden und Ketzer, in: Grenzmann, Ludger/Haye, Thomas/Henkel, Nikolaus/Kaufmann, Thomas (Hrsg.), Wechselseitige Wahrnehmung der Religionen im Spätmittelalter und in der Frühen Neuzeit, Bd. 1, Berlin 2009, S. 101–123 = abgedruckt in: *ders.*, Aspekte weltlicher und kirchlicher Rechtskultur: Ausgewählte rechtshistorische Aufsätze, Regenstauf 2014 S. 735–757 (zitiert als: *Becker*, Stellung des kanonischen Rechts zu den Andersgläubigen, in: Grenzmann/Haye/Henkel/Kaufmann (Hrsg.), Wechselseitige Wahrnehmung der Religionen)

Bezzola, Gian Die Mongolen in abendländischer Sicht: Ein Beitrag zur Frage der Völkerbegegnungen, Bern 1974 (zitiert als: *Bezzola*, Mongolen in abendländischer Sicht)

Blindow, Felix Carl Schmitts Reichsordnung: Strategie für einen europäischen Großraum, Berlin 1999 (zitiert als: *Blindow*, Carl Schmitts Reichsordnung)

Bodin, Jean Les six livres de la république, Band 1, Paris 1576, Neudruck 1986 (zitiert als: *Bodin*, Les six livres de la république, Bd. 1)

Bodin, Jean De republica libri sex, Band 1, Frankfurt 1641 (zitiert als: *Bodin*, De republica libri sex, Bd. 1)

Brand-Pierach, Sandra Ungläubige im Kirchenrecht: Die kanonistische Behandlung der Nichtchristen als symbolische Manifestation politischen Machtwillens, Konstanz 2004 (zitiert als: *Brand-Pierach*, Ungläubige im Kirchenrecht)

Brundage, James Medieval Canon Law and the Crusader, Madison 1990 (zitiert als: *Brundage*, Medieval Canon Law and the Crusader)

Brundage, James Holy War and the Medieval Lawyers, in: Murphy, Thomas (Hrsg.), The Holy War, Columbus 1976, S. 99–140 = abgedruckt in: *Brundage*, The Crusades, Holy War and Canon Law, Aldershot 1991, Kap. X (zitiert als: *Brundage*, Holy War and Medieval Lawyers, in: Murpy (Hrsg.), The Holy War)

Cantini, Joannes De autonomia iudicis saecularis et de Romani pontificis plenitudine potestatis in temporabilibus secundum Innocentium IV, in: Salesianum 1961, S. 407–480 (zitiert als: *Cantini*, De autonomia iudicis saecularis, Salesianum 1961)

Carlyle, Robert
Carlyle, Alexander A History of Mediaeval Political Theory in the West, Vol. V., The Political Theory of the Thirteenth Century, 4. Auflage, New York 1928 (zitiert als: *Carlyle/Carlyle*, Political Theorie of the Thirteenth Century, Bd. 5)

d'Entrèves, Alessandro Natural Law: An Introduction to Legal Philosophy, London 1950 (zitiert als: *d'Entrèves*, Natural Law)

Dettelbacher, Werner Pleticha, Heinrich Deutsche Geschichte, Band 3, die staufische Zeit: 1152–1254, Gütersloh 1983 (zitiert als: *Dettelbacher/Pleticha*, Deutsche Geschichte, Bd. 3)

Erdö, Péter Die Quellen des Kirchenrechts: Eine geschichtliche Einführung, Frankfurt 2002 (zitiert als: *Erdö*, Quellen des Kirchenrechts)

Fisch, Jörg Die europäische Expansion und das Völkerrecht, Stuttgart 1984 (zitiert als: *Fisch*, Europäische Expansion und das Völkerrecht)

Freidenreich, David Sharing Meals With Non-Christians in Canon Law Commentaries, ca. 1160–1260: A Case Study in Legal Development, Medieval Encounters (14) 2008, S. 41–77 (zitiert als: *Freidenreich*, Sharing Meals With Non-Christians in Canon Law Commentaries, ME (14) 2008)

Gabriel, Karl Spieß, Christian Winkler, Katja Wie fand der Katholizismus zur Religionsfreiheit? Faktoren der Erneuerung der katholischen Kirche, Paderborn 2016 (zitiert als: *Gabriel/Spieß/Winkler*, Wie fand der Katholizismus zur Religionsfreiheit?)

Greco, Ioseph Le pouvoir du Souverain Pontife à l'égard des infidels, Rom 1967 (zitiert als: *Greco*, Le pouvoir du Souverain Pontife)

Grewe, Wilhelm Epochen der Völkerrechtsgeschichte, 2. Auflage, Baden-Baden 1988 (zitiert als: *Grewe*, Völkerrechtsgeschichte)

Harke, Jan Römisches Recht, 1. Auflage, München 2008 (zitiert als: *Harke*, Römisches Recht)

Helmholz, Richard The Spirit of Classical Canon Law, Athens 1996 (zitiert als: *Helmholz*, Spirit of Classical Canon Law)

Hergemöller, Bernd-Ulrich Die Geschichte der Papstnamen, Regensburg 1980 (zitiert als: *Hergemöller*, Geschichte der Papstnamen)

Hilpert, Konrad Die Anerkennung der Religionsfreiheit, in: Stimmen der Zeit 2005, S. 809–819 (zitiert als: *Hilpert*, Anerkennung der Religionsfreiheit, SdZ 2005)

Höffner, Joseph Christentum und Menschenwürde, Paderborn 2017 (zitiert als: *Höffner*, Christentum und Menschenwürde)

Kedar, Benjamin Crusade and Mission: European Approaches Toward the Muslims, Princeton 1984 (zitiert als: *Kedar*, Cursade and Mission)

Kessler, Peter-Josef Untersuchung über die Novellen-Gesetzgebung Papst Innozenz' IV. (I), in: Zeitschrift für Rechtsgeschichte, Kanonische Abteilung 1942, S. 142–320 (*Kessler*, Untersuchung über die Novellen-Gesetzgebung Papst Innozenz' IV. (I), ZRG KA 1942)

Kessler, Peter-Josef Untersuchung über die Novellen-Gesetzgebung Papst Innozenz' IV. (II), in: Zeitschrift für Rechtsgeschichte, Kanonische Abteilung 1942, S. 300–383 (*Kessler*, Untersuchung über die Novellen-Gesetzgebung Papst Innozenz' IV. (II), ZRG KA 1943)

Kessler, Peter-Josef Untersuchung über die Novellen-Gesetzgebung Papst Innozenz' IV. (III. Teil), in: Zeitschrift für Rechtsgeschichte, Kanonische Abteilung 1944, S. 56–128 (*Kessler*, Untersuchung über die Novellen-Gesetzgebung Papst Innozenz' IV. (III), ZRG KA 1944)

Klein, Robert Sovereign Equality Among States: The History of an Idea, Toronto 1974 (zitiert als: *Klein*, Sovereign Equality Among States)

Kokott, Juliane Souveräne Gleichheit und Demokratie im Völkerrecht, in: Zeitschrift für ausländisches öffentliches Recht und Völkerrecht 2004, S. 517–534 (zitiert als: *Kokott*, Souveräne Gleichheit und Demokratie im Völkerrecht, ZaöRV 2004)

Kölmel, Wilhelm Regimen christianum: Weg und Ergebnisse des Gewaltenverhältnisses und des Gewaltenverständnisses (8. bis 14. Jahrhundert), Berlin 1970 (zitiert als: *Kölmel*, Regimen Christianum)

Kriechbaum, Maximiliane Actio, ius und dominium in den Rechtslehren des 13. und 14. Jahrhunderts, München 1996 (zitiert als: *Kriechbaum*, Actio, ius und dominium)

Kühner, Hans Das Imperium der Päpste: Kirchengeschichte, Weltgeschichte, Zeitgeschichte von Petrus bis heute, Frankfurt 1980 (zitiert als: *Kühner*, Das Imperium der Päpste)

LeBras, Gabriel Innocent IV Romaniste: Examen de l'Apparatus, in: Studia Gratiana 1967, S. 305–326 (zitiert als: *LeBras*, Innocent IV Romaniste, SG 1967)

Lee, Daniel Popular Sovereignty in Early Modern Constitutional Thought, Oxford 2016 (zitiert als: *Lee*, Popular Sovereignty in Early Modern Constitutional Thought)

Lesaffer, Randall Medieval canon law and early modern treaty law, Journal of the History of International Law, 2000, S. 178–198 (zitiert als: *Lesaffer*, Medieval canon law, JHIL 2000, S. 178)

Lewis, Ewart Medieval Political Ideas, Band 1, New York 1954 (zitiert als: *Lewis*, Medieval Political Ideas, Bd. 1)

Lohrmann, Klaus Die Päpste und die Juden: 2000 Jahre zwischen Verfolgung und Versöhnung, Düsseldorf 2008 (zitiert als: *Lohrmann*, Die Päpste und die Juden)

Lupprian, Karl-Ernst Die Beziehungen der Päpste zu islamischen und mongolischen Herrschern im 13. Jahrhundert anhand ihres Briefwechsels, Vatikan 1981 (zitiert als: *Lupprian*, Beziehungen der Päpste zu den islamischen und mongolischen Herrschern im 13. Jahrhundert)

Maitland, Frederic Moral Personality and Legal Personality, in: Fisher, Herbert (Hrsg.), The Collected Papers of Frederic William Maitland, Band 3, Cambridge 1911, S. 304–320 (zitiert als: *Maitland*, Moral Personality and Legal Personality, in: Fisher (Hrsg.), The Collected Papers, Bd. 3)

Meder, Stephan Doppelte Körper im Recht: Traditionen des Pluralismus zwischen staatlicher Einheit und transnationaler Vielheit, Tübingen 2015 (zitiert als: *Meder*, Doppelte Körper im Recht)

Meder, Stephan Rechtsgeschichte, 5. Auflage, Köln 2014 (zitiert als: *Meder*, Rechtsgeschichte)

Morris, Collin The Papal Monarchy: The Western Church from 1050 to 1250, Oxford 1989 (zitiert als: *Morris*, Papal Monarchy)

Mössner, Jörg Die Völkerrechtspersönlichkeit und die Völkerrechtspraxis der Barbareskenstaaten: Algier, Tripolis, Tunis 1518–1830, Berlin 1968 (zitiert als: *Mössner*, Völkerrechtspersönlichkeit und Völkerrechtspraxis)

Muldoon, James Rights, Property, and the Creation of International Law, in: ders. (Hrsg.), Bridging the Medieval-Modern Divide: Medieval Themes in the World of the Reformation, London 2013, S. 175–204 (zitiert als: *Muldoon*, Rights, Property, and the Creation of International Law, in: ders. (Hrsg.), Bridging the Medieval-Modern Divide)

Muldoon, James Forerunners of Humanitarian Intervention? From Canon Law to Francisco de Vitoria, in: Justenhoven, Heinz-Gerhard/Barbieri, William (Hrsg.), From Just War to Modern Peace Ethics, Berlin 2012, S. 99–120 (zitiert als: *Muldoon*, Forerunners of Humanitarian Intervention?, in: Justenhoven/Barbieri (Hrsg.), From Just War to Modern Peace Ethics)

Muldoon, James Popes, Lawyers and Infidels: The Church and the Non-Christian World, 1250–1550, Philadelphia 1979 (zitiert als: *Muldoon*, Popes, Lawyers and Infidels)

Muldoon, James Solórzano's De indiarum iure: Applying a Medieval Theory of World Order in the Seventheenth Century, in: Journal of World History (1) 1991, S. 29–45 = abgedruckt in: *ders.*, Canon Law, the Expansion of Europe, and World Order, Aldershot 1998, Kap. VIII (zitiert als: *Muldoon*, Solórzano's *De indiarum iure*, JWH (1) 1991)

Muldoon, James The Avignon Papacy and the Frontiers of Christendom: The Evidence of Vatican Register 62, in: Archivum Historiae Pontificae 1979, S. 125–195 = abgedruckt in: *ders.*, Canon Law, the Expansion of Europe, and World Order, Aldershot 1998, Kap. V (zitiert als: *Muldoon*, The Avignon Papacy and the Frontiers of Christendom, AHP 1979)

Muldoon, James John Wyclif and the Rights of the Infidels: The Requiriemento Re-examined, in: The Americas 1980, S. 301–316 = abgedruckt in: *ders.*, Canon Law, the Expansion of Europe, and World Order, Aldershot 1998, Kap. VI (zitiert als: *Muldoon*, John Wyclif and the Rights of the Infidels, TA 1980)

Muldoon, James The Conquest of the Americas: The Spanish Search for Global Order, in: Robertson, Roland/William, Garrett (Hrsg.), Religion and Global Order, New York 1991, S. 65–85 = abgedruckt in: *ders.*, Canon Law, the Expansion of Europe, and World Order, Aldershot 1998, Kap. IX (zitiert als: *Muldoon*, The Conquest of the Americas, in: Robertson/William (Hrsg.), Religion and Global Order)

Muldoon, James A Canonistic Contribution to the Formation of International Law, in: The Jurist 1968, S. 265–279 = abgedruckt in: *ders.*, Canon Law, the Expansion of Europe, and World Order, Aldershot 1998, Kap. II (zitiert als: *Muldoon*, A Canonistic Contribution to the Formation of International Law, TJ 1968)

Muldoon, James The Contribution of the Medieval Canon Lawyers to the Formation of International Law, in: Traditio 1972, S. 483–497 = abgedruckt in: *ders.*, Canon Law, the Expansion of Europe, and World Order, Aldershot 1998, Kap. III (zitiert als: *Muldoon*, The Contribution of the Medieval Canon Lawyers to the Formation of International Law, Traditio 1972)

Muldoon, James Extra ecclesiam non est imperium: The Canonists and the Legitimacy of Secular Power, in: Studia Gratiana 1966, S. 553–580 = abgedruckt in: *ders.*, Canon Law, the Expansion of Europe, and World Order, Aldershot 1998, Kap. I (zitiert als: *Muldoon*, Extra ecclesiam non est imperium, SG 1966)

Müller, Jörg Innocentius IV papa, Sinibaldo dei Fieschi, Leben und Werk, eine Einführung, München 1997, abrufbar unter: https://epub.ub.uni-muenchen.de/13851/1/mueller_joerg_13851.pdf) = Vorwort zum Nachdruck, Innocentius IV, In V libros Decretalium commentaria, Venedig 1570, Frankfurt 2009 (zitiert als: *Müller*, Innocentius IV papa)

Nörr, Knut Die Kanonistische Literatur, in: Coing, Helmut (Hrsg.), Handbuch der Quellen und Literatur der neueren Europäischen Privatrechtsgeschichte, Band 1, Mittelalter (1100–1500), München 1973, S. 365–382 (zitiert als: *Nörr*, kanonistische Literatur, in: Coing (Hrsg.), Privatrechtsgeschichte, Bd. 1)

Nörr, Knut Die Entwicklung des Corpus iuris canonici, in: Coing, Helmut (Hrsg.), Handbuch der Quellen und Literatur der neueren Europäischen Privatrechtsgeschichte, Band 1, Mittelalter (1100–1500), München 1973, S. 835–848 (zitiert als: *Nörr*, Entwicklung des Corpus iuris canonici, in: Coing (Hrsg.), Privatrechtsgeschichte, Bd. 1)

Ottmann, Henning Geschichte des politischen Denkens: Das Mittelalter, Bd. 2/2, Stuttgart 2004 (zitiert als: *Ottmann*, Geschichte des politischen Denkens Bd. 2)

Pennington, Kenneth Pope and Bishops: The Papal Monarchy in the Twelfth and Thirteenth Centuries, Philadelphia 1984 (zitiert als: *Pennington*, Pope and Bishops)

Pennington, Kenneth The Prince and the Law, 1200–1600: Sovereingty and Rights in the Western Legal Tradition, Berkely 1993 (zitiert als: *Pennington*, Prince and Law)

Plöchl, Willibald Geschichte des Kirchenrechts, Band 2, Das Kirchenrecht der abendländischen Christenheit 1055 bis 1517, Wien 1955 (zitiert als: *Plöchl*, Geschichte des Kirchenrechts, Bd. 2)

Reid, Charles The Canonistic Contribution to the Western Rights Tradition, in: Boston College Law Review 1991, S. 37–92 (zitiert als: *Reid*, Canonistic Contribution, BCLR 1991)

Renz, Andreas Die katholische Kirche und der interreligiöse Dialog: 50 Jahre „Nostra aetate“: Vorgeschichte, Kommentar, Rezeption, Stuttgart 2014 (zitiert als: *Renz*, Katholische Kirche und der interreligiöse Dialog)

Russell, Frederick The Just War in the Middle Ages, Cambridge 1975 (zitiert als: *Russell*, The Just War)

Sägmüller, Johannes Lehrbuch des katholischen Kirchenrechts, Bd. 1, Freiburg im Breisgau 1900 (zitiert als: *Sägmüller*, Lehrbuch des katholischen Kirchenrechts)

Scattola, Merio Eine innerkonfessionelle Debatte. Wie die Spanische Spätscholastik die politische Theologie des Mittelalters mit der Hilfe Aristoteles revidierte, in: Fidora, Alexander/Fried, Johannes/Lutz-Bachmann, Matthias/Schorn-Hütte, Luise (Hrsg.), Politischer Aristotelismus und Religion in Mittelalter und Früher Neuzeit, Berlin 2007, S. 139–162 (zitiert als: *Scattola*, Eine innerkonfessionelle Debatte, in: Fidora/Fried/Lutz-Bachmann/Schorn-Hütte (Hrsg.), Politischer Aristotelismus)

Schliesky, Utz Souveränität und Legitimität von Herrschaftsgewalt: Die Weiterentwicklung von Begriffen der Staatslehre und des Staatsrechts im europäischen Mehrebenensystem, Tübingen 2004 (zitiert als: *Schliesky*, Souveränität und Legitimität)

Schlinker, Steffen
Ludyga, Hannes
Bergmann, Andreas Privatrechtsgeschichte. Ein Studienbuch, München 2019 (zitiert als: *Schlinker/Ludyga/Bergmann*, Privatrechtsgeschichte)

Schmoeckel, Mathias Kanonisches Recht. Geschichte und Inhalt des Corpus iuris canonici. Ein Studienbuch, München 2020 (zitiert als: *Schmoeckel*, Kanonisches Recht)

Schulte, Johannes v. Die Geschichte der Quellen und Literatur des Canonischen Rechtes von Papst Gregor IX. bis zum Concil von Trient, Band 2, Stuttgart 1877 (zitiert als: *v. Schulte*, Geschichte, Bd. 2)

Tierney, Brian The Idea of Natural Rights: Studies on Natural Rights, Natural Law and Church Law 1150–1625, Atlanta 1997 (zitiert als: *Tierney*, The Idea of Natural Rights)

Tierney, Brian The Continuity of Papal Political Theory in the Thirteenth Century: Some Methodological Considerations, in: Medieval Studies 1965, S. 227–245 = abgedruckt in: *ders.*, Church Law and Constitutional Thought in the Middle Ages, London 1979, Kap V. (zitiert als: *Tierney*, Continuity of Papal Political Theory in the Thirteenth Century, MS 1965)

Watt, John The Theory of Papal Monarchy in the Thirteenth Century: The Contribution of the Canonists, New York 1965 (zitiert als: *Watt*, Theory of Papal Monarchy)

Weise, Erich Die Staatsschriften des Deutschen Ordens in Preußen im 15. Jahrhundert, Band 1, Die Traktate vor dem Konstanzer Konzil (1414–1418) über das Recht des Deutschen Ordens am Lande Preußen, Göttingen 1970 (zitiert als: *Weise*, Staatsschriften des Deutschen Ordens, Bd. 1)

Wengler, Wilhelm Völkerrecht, Band I, Berlin 1964 (zitiert als: *Wengler*, Völkerrecht, Bd. 1)

Wilks, Michael The Problem of Sovereignty in the Later Middle Ages: The Papal Monarchy with Augustinus Triumphus and the Publicists, Cambridge 1963 (zitiert als: *Wilks*, Problem of Sovereignty in the Later Middle Ages)

Willoweit, Dietmar Dominium und Proprietas: Zur Entwicklung des Eigentumsbegriffs in der mittelalterlichen und neuzeitlichen Rechtswissenschaft Staatsbildung und Jurisprudenz, Band 1, in: ders. (Hrsg.), Staatsbildung und Jurisprudenz: Spätmittelalter und frühe Neuzeit, Stockstadt 2009, S. 177–202 (zitiert als: *Willoweit*, Dominium und Proprietas, in: ders. (Hrsg.), Staatsbildung und Jurisprudenz, Bd. 1)

Willoweit, Dietmar Rechtsgrundlagen der Territorialgewalt. Landesobrigkeit, Herrschaftsrechte und Territorium in der Rechtswissenschaft der Neuzeit, Köln 1975 (zitiert als: *Willoweit*, Rechtsgrundlagen der Territorialgewalt)

Willoweit, Dietmar Herrschaftsdenken vor dem Zeitalter der Souveränität: Zur Staatstheorie des Wilhelm von Ockham, in: Der Staat 2012, S. 446–460 (zitiert als: *Willoweit*, Herrschaftsdenken vor dem Zeitalter der Souveränität, DS 2012)

Personen- und Sachverzeichnis

AUS RELIGION UND RECHT

Bd. 1 Walter Homolka: Liturgie als Theologie. Das Gebet als Zentrum im jüdischen Denken. 182 Seiten. ISBN 978-3-86596-008-5

Bd. 2 Cristina Fernández Molina: Katholische Gemeinden anderer Muttersprache in der Bundesrepublik Deutschland. Kirchenrechtliche Stellung und pastorale Situation in den Bistümern im Kontext der europäischen und deutschen Migrationspolitik. 540 Seiten. ISBN 978-3-86596-016-0

Bd. 3 Péter Erdő: Kirchenrecht im mittelalterlichen Ungarn. Gesammelte Studien. 240 Seiten. ISBN 978-3-86596-028-3

Bd. 4 Wilhelm Handschuh: Diözesane Schieds- und Schlichtungsstellen in der katholischen Kirche. Eine rechtssystematische Untersuchung für den Bereich der Deutschen Bischofskonferenz. 260 Seiten. ISBN 978-3-86596-065-8

Bd. 5 Walter Homolka/Esther Seidel (Hg.): Nicht durch Geburt allein. Übertritt zum Judentum. 260 Seiten. ISBN 978-3-86596-079-5

Bd. 6 Walter Jakob/Walter Homolka (eds.): Hesed and Tzedakah. From Bible to Modernity. 108 Seiten. ISBN 978-3-86596-090-0

Bd. 7 Axel Azzola: Recht, Freiheit und Bündnis in der Tora. Grundlegungen für eine jüdische systematische Theologie. 142 Seiten. ISBN 978-3-86596-094-8

Bd. 8 Ronny Raith: Verwaltungsermessen im Kanonischen Recht. 202 Seiten. ISBN 978-3-86596-078-8

Bd. 9 Walter Homolka (ed.): Leo Baeck – Philosophical and Rabbinical Approaches. 130 Seiten. ISBN 978-3-86596-115-0

Bd. 10 Anja Kurths: Shoahgedenken im israelischen Alltag. Der Umgang mit der Shoah in Israel seit 1948 am Beispiel der Gedenkstätten Beit Lohamei HaGetaot, Yad Vashem und Beit Terezin. 282 Seiten. ISBN 978-3-86596-177-8

Bd. 12 Alexander Lungu: Der in Canon 1103 des Codex Iuris Canonici von 1983 enthaltene Ehenichtigkeitsgrund. 80 Seiten. ISBN 978-3-86596-217-1

Bd. 13 Burkhard Josef Berkmann: Von der Blasphemie zur „hate speech"? Die Wiederkehr der Religionsdelikte in einer religiös pluralen Welt. 130 Seiten. ISBN 978-3-86596-220-1

Bd. 14 Szabolcs Anzelm Szuromi: From a reading book to a structuralized canonical collection. The Textual Development of the Ivonian Work. 200 Seiten. ISBN 978-3-86596-256-0

Bd. 15 Friedrich Lotter: Rabbiner Ignaz Maybaum – Leben und Lehre. Die Grundlagen jüdischer Diasporaexistenz. 202 Seiten. ISBN 978-3-86596-276-8

AUS RELIGION UND RECHT

Bd. 16 Joachim Rott: *„Ich gehe meinen Weg ungehindert geradeaus“*. Dr. Bernhard Weiß (1880–1951). Polizeivizepräsident in Berlin. Leben und Wirken. 224 Seiten. ISBN 978-3-86596-307-9

Bd. 17 Marie Vachenauer: Der Fall Simon Abeles. Eine kritische Anfrage an die zugänglichen Quellen. 270 Seiten. ISBN 978-3-86596-325-3

Bd. 18 Szabolcs Anzelm Szuromi: Pre-Gratian Medieval Canonical Collections. Texts, Manuscripts, Concepts. 156 Seiten. ISBN 978-3-7329-0108-1

Bd. 19 Péter Erdő/József Schweitzer/E. Sylvester Vizi: Glaube – Ethik – Wissenschaft. Essays und Gespräche zu Grundfragen des menschlichen Daseins. 264 Seiten. ISBN 978-3-7329-0145-6

Bd. 20 Szabolcs Anzelm Szuromi: Dottrina e disciplina della Chiesa. Teoria – fonti – istituti. 164 Seiten. ISBN 978-3-7329-0207-1

Bd. 21 Valdas Kužulis: Genese, Heranbildung und Eigenart des Staatskirchenrechts in Litauen. 440 Seiten. 978-3-7329-0292-7

Bd. 22 Szabolcs Anzelm Szuromi/Nicolás Álvarez de las Asturias (eds.): Becoming a Priest. Canonical Discipline and Criteria on Suitability for Candidates. 168 Seiten. ISBN 978-3-7329-0551-5

Bd. 23 Johannes M. Jäger: Innozenz IV. – Juristenpapst, Machtpolitiker und Vordenker der völkerrechtlichen Souveränitätslehre. 114 Seiten. ISBN 978-3-7329-0774-8

Frank & Timme